増補改訂版

ウェブマーケティングという茶番

後藤晴伸
GOTO HARUNOBU

GENTOSHA
幻冬舎MC

はじめに

インターネットがビジネスで必須の存在となり、ウェブを活用した商品宣伝や集客が当たり前に行われるようになりました。右を見ても左を見てもウェブ、ウェブ、ウェブ……もはやウェブマーケティングがなければどんな企業も立ち行かないと思えるほどです。実際にインターネットを活用した広告費は年間１兆７５８９億円にのぼり、新聞、雑誌、ラジオの広告費を合計した額をはるかに上回り、テレビメディアの額に迫ろうとしています。（２０１８年、電通調べ）。

たしかにウェブマーケティングは、テレビＣＭや新聞広告などの媒体と異なり、数十万円の費用から利用できるサービスもあるので導入が比較的容易です。また動画をアップしたり、ＳＮＳ（ソーシャル・ネットワーキング・サービス）を介して顧客と双方向のコミュニケーションを図るなど、活用の幅も広がり続けています。さらに近年は、膨大なデータに基づいた精度の高いマーケティングが可能になるなど、ウェブの利点は枚挙に暇がありません。

ところが残念ながら、ウェブマーケティングに投資したもののまったく効果が感じられないと不満を抱えるケースが山ほどあるのが現実です。

「高い費用をかけてウェブに広告を出しても、売上は増えなかった」
「契約した広告代理店は毎月請求書と内容の薄いレポートを送ってくるだけ」
「報告書を読んでも、担当者に聞いても、今何をしているのかよく分からない」
「営業はしつこいぐらいかけてきたのに、契約したとたんに対応が悪くなった」

ウェブマーケティング業界は、クライアントのこのような恨みにも近いような不信の声で溢れかえっています。実はそれも当然です。なぜなら、相手に知識がないのをいいことに、当たり前のサービスさえ提供していない事業者が業界にはびこっているからです。

3年前にこの本を書いたときと比べても、残念ながらその実態はほとんど変わっていません。いまだに「よくこんなやり方を続けているな」とため息をつくこともたびたびです。

私自身、これまで15年以上にわたって700社以上のウェブマーケティングに関わってきました。業界の内側を黎明期から見てきてはっきりと分かるのは、下請けに丸投げで担当者は素人同然の広告代理店、ホームページを作りっぱなしで効果検証もせずに制作費を請求する制作会社、グーグルやヤフーの検索順位だけにこだわってお金を浪費させるＳＥＯ（検索エンジン最適化）会社などが、非常に多いということです。なかには詐欺まがいの行為さえ少なくありません。

ウェブマーケティング業界がこのような惨状にあるのは、まず業界ならではの特性がひとつの理由です。例えば、成果として示されるアクセス数アップや検索結果における上位表示などは他の媒体にはない指標ですが、それが売上や顧客数の増加に直接つながるとは限りません。何がゴールなのかが明確になっていないといえます。また、業界の歴史自体がまだ浅く、成熟しきっていないことも大きな理由です。

インターネットが一般の人々に使われ始めたのが約25年前、ＥＣサイトなどウェブを使ったビジネスが始まってから約20年。バナー広告、ＳＥＯ、リスティング広告など、今日のウェブマーケティングでもよく使われる手法が導入されるようになってからは、まだ10年余りしか経っていません。まだまだ成長の途上にある業界であるがゆえに、粗悪な仕事をする事業者も大手を振ってまかり通り、きちんとした会社と区別がつきにくいカオス状態にあるのです。

また、ネットワーク技術の進歩は目覚ましく、専門家でない限りその技術を用いる意味や効果を正しく判断することができません。アドネットワーク、ＤＳＰ（デマンド・サイド・プラットホーム）、ＳＮＳ、コンバージョン……ウェブマーケティングの現場では、知識のない経営者にとってはチンプンカンプンな言葉が飛び交います。発注した側が肝心の効果を実感できていないにもかかわらず、ウェブマーケターたちは「コンバージョンが何件増えた」などと誇らしげに語り、なんだかよく分からないうちに煙に巻かれてしまう——そんな茶番劇が繰り広げられているのです。

もちろん業界の中にいれば誰もがそれを知っています。そして当然ながら、バカ正直に真実を明かして飯の種を手放すような真似はしません。

そんな業界の悪い面に嫌気がさし、私は同業者を敵に回す覚悟で、業界の実態を暴き、本当の魅力を伝えようと本書の執筆を決意しました。ここまで書くのか——と、読んで血の気が引くであろう数々の事業者も、容易に想像できます。

そうであれば、ウェブマーケティングを業者に依頼するクライアントがその実態を知り、賢く付き合うべきです。一度痛い目に遭った人は同じことを繰り返さないでしょうが、ネット広告が当たり前になってきて「初めてウェブマーケティングというものをやってみた」というケースがこれからさらに増えていくでしょう。しかし手数料や制作費が安いからと飛びついて、ビジネスが成功した広告主はまず見たことがありません。

業界の側にも、それなりに事情はあります。仕事の依頼はたくさんあるのに人手が足りず、特にきちんと運用ができるスキルを備えた人材が圧倒的に不足してしまっています。しかしそれをクライアントへの言い訳にすることはできません。

この現状に警鐘を鳴らし続けていかなければならないと私は考えています。また一方では、この３年間で新たなウェブマーケティングのトレンドや効果的な手法も出てきています。そこで前回の文章を加筆修正して改訂版を発刊することにしました。

本当のウェブマーケティングとはどういうものか。ダメな事業者、ダメな担当者をいかにして見分けるか。その秘訣をこの１冊に凝縮させました。ウェブマーケティングの最終目的は、クリック数や商品・企業名の露出を増やすことではなく、売上を伸ばして利益を増やし、企業を発展させることです。ツボを押さえたウェブマーケティングを実践すれば、導入後わずか1カ月で商品の売上が2倍、3倍になる例も珍しくありません。

本書をきっかけに読者の皆さんがウェブマーケティングの真実を知り、会社を大きく成長させていく一助になることを願っています。

はじめに

増補改訂版　ウェブマーケティングという茶番　目次

第2章　広告代理店、ＳＥＯ会社、制作会社、コンサルティング会社……。実態のないビジネスで暴利をむさぼる素人集団

第4章　結果を出せない会社は3カ月で切れ！費用対効果を正しく見極めるウェブマーケティングの基礎知識

第5章　ウェブの知識がなくても見破れる！素人集団の化けの皮をはがすチェックポイント

第6章 問い合わせ増で喜ぶな。ウェブマーケティングは売上を劇的にアップさせる最強の武器

第1章　まったく効果のないウェブマーケティングというまやかし

ビジネスに不可欠になったウェブマーケティング

私たちの生活に欠かせないインターネット。その影響力は年を追うごとに増していき、商品宣伝、集客、人材採用に至るまで、ビジネスのあらゆるシーンでも不可欠な存在になっています。

「ウェブマーケティング」なる言葉が生まれ、多くの企業がウェブを重要な広告媒体として位置づけ、あの手この手の宣伝活動を繰り広げています。

しかしながら、多くの企業においてウェブマーケティングは「手探り状態」というのが実態です。独自のノウハウを持っている企業は少なく、ウェブを専門に扱う会社や広告代理店などに丸投げするか、専門知識のない一般社員がウェブ担当に任命されて悪戦苦闘しているケースがほとんどです。そういった会社には、ウェブマーケティング会社の営業マンが誘いの言葉をかけてきます。

「ウェブ広告を当社に任せてもらえば、今よりはるかに効果的な集客ができます」

「ＳＥＯに費用をかけて検索時の掲載順位を上げれば、御社のサイトが多くの人の目に留まるようになります」

「サイトのデザインが昔風で使いにくく、このままでは売上が伸びないばかりか会社のイメージまで落としてしまいます。最新のスタイルに作り変えましょう」

こういった営業トークを真に受け、売上増への期待からウェブマーケティングの外注を決める会社が実に多いのです。

実際に契約して業務を委託すると、検索サイトなどあちこちのサイトに広告が出るようになり、自社のウェブページも垢抜けたデザインになったりしますが、検索順位はなかなか上がらず、問い合わせ件数や売上が伸びる気配もありません。外注先に問い合わせても納得のいく返事はなく、のらりくらりとかわされるのみ……。

その結果、営業トークでさんざん聞かされたウェブマーケティングの手法は、実は「まやかし」だったのではないか――という疑いを持つ企業が増えていきます。

炎上するまでクライアントを放置する

ウェブマーケティングの効果がなかなか上がらないとき、事業者は「ＳＥＯの施策は万全なので様子を見ましょう」「アクセス数は伸びているので、おいおい売上増にもつながっていきます」などと弁明しますが、実はほとんど何もしていなかったというケースが少なくありません。

氷山の一角ですが典型的な例を紹介しましょう。

元広告代理店勤務のＡさんは、リスティング広告の運用代行サービスをしていました。

インターネットでキーワード検索をすると、検索結果を表示したページの上下や右側に文字広告が出てきます。これがリスティング広告で、インターネットでの集客にはよく使われる手法です。

リスティング広告を実施する際は、「どのキーワードが検索されたときに広告を出すか」をまず設定します。その広告の下線が付いた文字列をクリックすると企業が用意したプロモーション用のウェブサイトに飛び、製品やサービスの紹介から始まってサンプルの提供、イベントへの招待、会員登録などを案内するのが一般的です。

しかし、キーワードを設定して広告を出せばすぐに反響があって、製品やサービスがどんどん売れていく——ということにはなりません。設定を何度もやり直してようやくターゲット層にうまくヒットすることも多く、そのあたりの運用ノウハウがウェブマーケティングのプロとしての腕の見せどころでもあります。

Aさんは「効果があるからやりましょう」と口説いて、受注した後は放置したまま。いつクレームが来るかと毎日ヒヤヒヤしながら仕事をしていたといいます。

Aさん曰く、その広告代理店では新規顧客の開拓に忙しくて既存クライアントのフォローは後回し。それでも誰かが広告を見てクリックしてくれれば、広告代理店にはお金が落ちてくる。全然売上につながらないとお客さんに指摘されても、そういうときもあると説明すれば、ウェブ広告の実態がよく分かっていないクライアントはいくらでも言いくるめることができたといいます。解約すると言われたらあわててキーワード設定を見直して取り繕い、契約を延ばし延ばしにするというのがパターンになっていたというのです。

これでは、効果があると思って広告を出した企業側はたまったものではありません。

安さで売り込み手抜きするインターネット広告代理店

期待したほどの効果が出ない――ウェブマーケティングの世界では、残念ながらこの類の話が山ほどあります。

先の営業マンがいた会社のように、一度キーワード設定をしたら後は放置するという会社は珍しくありません。そういう会社の多くは手数料が安いことを売りにしています。価格でしか競争することができないからです。

するとどうしても薄利多売のビジネスになるので契約を多く取る必要があり、人海戦術で営業をかけてきます。アポイントを取る電話をかけまくり、少しでも興味がありそうな反応があれば訪問して、契約書にサインをもらうまであきらめずに何度もやってきます。

ところが契約してリスティング広告を始めてみると、営業担当が言っていたような効果がありません。これでは文字通りの「安かろう、悪かろう」という状態です。

そんな会社が多いために、ウェブマーケティング業界は「営業がしつこい」とか「口だけはうまいがどうも信用できない」という印象を持たれてしまうのです。

解約されたら次を探せばいいという無責任な営業スタイル

自社サイトの掲載順位を上げるため、今や多くの企業で当然のように導入しているＳＥＯについても問題があとを絶ちません。

あるときを境に、質の悪い某ＳＥＯ会社が担当していたウェブサイトが次々と検索結果から姿を消しました。無理にほかのサイトからリンクを張るなどして順位を不自然に上げていたため、グーグルがペナルティの対象としてしまったのです。このことでクライアントから訴訟を起こされる事態にまで発展しました。

現在この会社はリスティング広告へと事業を転換し、格安の手数料を売りに営業しています。手数料は広告出稿料金の20％というのが業界の常識ですが、その会社ではなんと10％以下。この場合、クライアントから月額１００万円の広告料を受け取っても、自社の利益は月10万円以下にしかなりません。そんな薄利多売のビジネスで有能な人材を雇えるはずはなく、素人同然のノウハウしか持っていない社員をかき集めて件数をこなしているというのが実態です。

一方で、頭が切れてウェブにも詳しく、広告宣伝の経験もかなりあるという優秀な担当者が営業にやって来る会社もあります。ところがこの人なら大丈夫と思って任せた途端、実際に担当につくのは経験の浅い若手の社員。それっきり、信頼を置いていた優秀な担当者は一切顔を出さなくなります。

どこの会社でも本当に優秀な人の数は限られているので、この営業担当がすべてのクライアントを担当するわけにいかないという事情はあるでしょう。それでも未熟な若手の面倒をみるわけでもなく、また引き継いだ社員も何十社もクライアントを抱えて、結局はろくな対応もせずに放置してしまうというのが通例です。

これらは今、ウェブマーケティング業界でよく見られるパターンとなっています。クライアントが成果を得られるかどうかは二の次です。解約されてもしかたない、また次の契約を取ってくればいいと割り切っているのでしょう。ウェブにしてもマーケティングにしても、目に見える物を売っているビジネスとは異なり、素人には分かりにくい話です。そこにつけ込んで次々とカモにしているのです。

ここまで紹介してきたのはかなり極端な事例だと思われるかもしれませんが、ウェブマーケティングの広告代理店といえばここ、リスティング広告ならあそこといわれているような有名な会社でも、似たようなことをしているところは多くあります。知名度があるから、会社が大きいからといって安心はできません。

こうした会社を根絶しない限り、〝ウェブマーケティング〟の名をかたった茶番劇がなくなることはありません。

効果検証・分析をしていないから改善提案が出せない

依頼者側のクライアントたちは、もちろんそんな内情は知る由もありません。うまくいかなければ、お金を払って任せているプロに解決してほしいと思っています。しかしそんな当然の要望に応えていない広告代理店やＳＥＯ会社、ウェブ制作会社などが、ウェブマーケティング業界には数多く存在しています。

ウェブマーケティングの成果が出ていない企業を訪問すると、必ずといっていいほど聞くのが「提案をしてこない」という不満の声です。

なぜ提案がないのかといえば、運用をせずに放置してしまっているので、新たな提案をするために必要となる現状の効果検証をしていないからです。不満が出るたびに改善につながるような提案を次々にする自信もないし、契約期間を長く引き延ばしたいために、たまに提案らしいことを言うことがあってもなるべく小出しにしていきます。

リスティング広告の場合、成果につながらない理由としては、キーワードの選び方を間違えている、広告を見せたいターゲットがきちんと絞り込めていない、広告のリンク先のサイトに行っても興味を引く内容になっていない、といったことが考えられます。

広告の掲載を始めると、たとえばグーグルアナリティクスのようなツールを導入すれば、訪問者が閲覧しているページ数、サイトに来てもすぐに出て行ってしまった訪問者の比率、1回の平均滞在時間などさまざまなデータが得られます。その結果をもとに、どこにどんな問題があったのか仮説を立てることで、次のステップに向けた提案ができます。この「効果検証↓仮説↓提案↓実施↓再び効果検証……」のループを繰り返していくのがウェブマーケティングの正しいやり方です。

この広告は効果がなかったけれども、原因が想定できるから次はやり方を変えてみよう。

一方であの広告は成果につながっているので、予算を増やしたほうがいい――。

こんなふうに提案してくれれば、クライアントも今度はうまくいくかもしれないという期待が持てるようになります。

詳しくは追って解説しますが、ウェブマーケティングを展開するにあたっては、リスティング広告やＳＥＯのほかにも利用できるさまざまなサービスがあります。クライアントの事業分野、市場や顧客といった状況に応じて、また何を目指すかに合わせてそれらを組み合わせて運用していかないと、なかなか効果的なウェブマーケティングは実現できません。

しかしリスティング広告やＳＥＯを単品で扱っている多くの会社は、自分たちの商品をいかに売るかということしか頭にありません。ですから仮に効果検証をしたとしても、総合的な視点からの提案はできないのです。

月次レポートの中身もごまかす

成果は出ない、提案もない——そんな会社からも請求書や内容の薄いレポート（報告書）は毎月しっかりと送られてきます。

請求される金額を見るたび、効果のはっきりしないものにこれだけ支払うのはお金をドブに捨てるようなものだという不満が募ります。

発行される月次レポートは、たいていは定型のフォーマットに数字を書き込んだだけのものです。

ただ数字が羅列してあるだけで、実際にはなんのことかよく分からないレポートを提出されることもあります。おそらく自動生成されるデータを多少加工してプリントアウトしたのでしょう。提出されたデータをどう読み解いたらいいのか、ウェブマーケティングに詳しくない一企業の担当者には見当がつきません。

それよりももっと問題なのは、数字が偽装されている場合があることです。それも決して珍しいことではなく、成果が出ていないのにうまくいっているように見せかけて、契約を引き延ばしたり予算を増やしたりするための手口として当たり前のように行われています。

しかもレポートのもとになっているデータは、クライアントが見られないように隠してしまいます。

グーグルやヤフーなどに広告を出すと、その広告配信システムを管理する画面を見ることができるようになります。管理画面にはリンク先ＵＲＬ（広告の遷移先）、クリック数やコンバージョン数の推移、費用対効果など、さまざまなデータがあります。コンバージョンとは、集客や販売、会員獲得などその広告で得られる最終的な成果のことを指す専門用語です。

クライアントが管理画面とレポートの数字を突き合わせたら、偽装したことは一発でバレてしまいます。そのため管理画面をクライアントに見せない、あるいは管理画面そのものの存在すら知らせずにいる広告代理店が多いのは事実です。

管理画面を分かりやすくまとめて月次レポートを作るのであればいいのですが、元の管理画面のデータの閲覧を要求すると、「運用ノウハウを開示することになるので社外には出せない」と拒否します。しかし本来、管理画面は広告主が当然知る権利があるデータです。それを間に入った会社が見られてクライアントは見られないのはおかしな話だと言わざるを得ません。

広告代理店などにウェブ広告を依頼している企業には、管理画面というものがあって、広告主は見る権利があるということを知っておいていただきたいと思います。

広告主からピンはねする悪徳代理店もある

毎月送られてくるレポートも、業界の裏事情が分かると信用できません。実際にある広告代理店が書き換えをしていたと、その下請け先の会社にいた知人が教えてくれました。

その代理店は各種のウェブ広告を扱っていましたが、リスティング広告については自社で運用できるノウハウがなく、契約が取れるとすべて外部に丸投げしていました。私の知人はその広告代理店の担当者に同行してクライアント企業を訪問したところ、１件当たり２５００円のコストで取れていたコンバージョンが３０００円とレポートに書いてあるのを見てしまったのだそうです。

このときクライアント企業は広告代理店に、１コンバージョンに３０００円までかけてもよいという条件で依頼していました。実際に知人がやってみたところ２５００円のコストで済んだので、その通り広告代理店には報告していました。それなのにクライアントには３０００円で請求し、差額の５００円をピンはねしていたというわけです。

広告効果があったように見せるだけでなく、そこまでするのかと私も驚きました。もしクライアントが管理画面を見てピンはねの事実に気づいたら大変なことになりますが、管理画面のデータを知らせないようにしているので、どうせ分からないとタカをくくっているのでしょう。

顧客志向のウェブマーケティング会社は皆無に等しい

契約を取ってお金をもらうというだけの発想のウェブマーケティング会社は、クライアントにとって必要であるかどうかは関係なく、まだやっていなければやったほうがいいという営業スタンスで攻めてくるところがほとんどです。

その典型が、「サイトのアクセス数を上げるにはＳＥＯを始めるのが当たり前」というセールストークで売り込むＳＥＯ会社です。

制作会社の営業トークの決まり文句は「サイトをリニューアルすべき」「コーポレートサイトとは別に販売用のランディングページが必要」などです。しかし何をもって必要なのかという根拠はありません。クライアントの事業内容、受注や販売の状況から、どのようなウェブマーケティングを仕掛けるかをまず考え、そのためにサイトリニューアルが必要だからという話ならば理解できます。単に「サイトをリニューアルしましょう」と言われて作っても、制作費が売上増につながらなければ意味がありません。

そのほかにも比較的新しいケースでは、ＤＳＰという種類のネット広告を営業してくる会社が増えています。確かにＤＳＰはうまく使えばかなり効果のある手法ですが、素人には内容が理解しにくく運用も難しいため、苦戦する場合が少なくありません。よく分からないままに手を出すのはお勧めできません。

複数の手法が組み合わされて緻密な戦略が立てられたウェブマーケティングではない〝単品営業〟だと、どうしても売り手側の都合が先行します。

ひとまず広告を出してみようとか、検索の順位を上げようというだけで成功するほど、ウェブマーケティングは簡単ではありません。効果を出すためには戦略的に考えて手段を選ぶようにしなければなりません。これはネット広告やSEOだけでなく、あらゆるマーケティングに共通して言えることです。

ある日やって来た営業担当に言われてあっさり契約。運用を始めてからも相手の言いなりになっていたら、費用と労力を浪費してしまう危険性が高いといえます。

第2章

広告代理店、ＳＥＯ会社、制作会社、コンサルティング会社……。
実態のないビジネスで暴利をむさぼる素人集団

ウェブマーケティングに関わる会社の実態とは

クライアント企業は、広告代理店やＳＥＯ会社、制作会社といったウェブマーケティング関連会社の担当者を当然ながらその道のプロとして迎えます。

確かに彼らは、各種のインターネット広告、検索順位を上げる方法、見栄えのするウェブページの作り方……などについてはよく知っています。「ウェブコンサルタント」と称するいかにもその道のプロといった人も出てきます。

しかし、業界内にいるとよく分かるのですが、見た目のいい表向きとは裏腹に、実はなにもしていない、あるいは協力会社・下請け企業に丸投げしている、ひどい場合は孫請けひ孫請けの会社が実作業をしているといったことも珍しくないのです。

この章では、広告代理店、ＳＥＯ会社、制作会社、コンサルティング会社といったウェブマーケティングに関わる会社が実は何をしているのか、その実態を暴いていくことにします。

◇広告代理店の実態

●広告代理店はマージンを抜くだけのブローカー

広告代理店は、広告を出稿する側と掲載する媒体の間に入って両者をつなぎ合わせることを生業としています。掲載する媒体が新聞・雑誌でもテレビでもウェブページでも、あるいは屋外看板や電車の中吊り広告でも、この関係は変わりません。

当然、広告代理店はいろいろな媒体と関わりを持っているので、ヤフーのどのページに出稿すれば効果的なのかクライアントに紹介することができます。しかしその後の展開のプランは持っていません。

広告代理店の社員は、クライアントと媒体の間に入って広告枠を売るだけの営業担当が大多数を占めます。商品を購入するターゲットユーザー層を的確に想定し、それに合った広告戦略を立案できる人材というのはほんの少数しかいません。大手広告代理店が大企業のビッグプロジェクトを展開するとなればさすがに話は別ですが、そうでない限り枠売りしかせず、売上アップのための施策は考えてくれないのが広告代理店といっても過言ではありません。

広告用のバナーやプロモーション用サイトの制作も、代理店自身では対応できず外注することがほとんどです。制作のディレクションができる専任スタッフも少ないため、受注件数が増えればさばききれなくなり、最悪の場合は広告代理店が広告代理店に外注するというおかしな二重構造さえ生まれています。

そうなると、広告代理店は契約の窓口となって仕事をほかに回しているだけの存在になります。枠売りだけを行い、プロモーションで付加価値を与えることもなく、制作でも間に入ってマージンを抜くだけ……。多くの広告代理店は単なるブローカーと言って差し支えありません。

●広告も制作も分かっているウェブコンサルタントはほんの一握り

以前は私も大手広告代理店の外注先となって仕事をしていましたが、その職場に行ってみて驚いたのは、自社の社員がほとんどいなかったことです。営業担当以外は全員が外部スタッフで、その会社の名刺を持ってクライアント先にも同行していました。それぞれが制作、アフィリエイト、ＳＥＯ、リスティング広告の担当で、数名のチームを組み、大手のブランドで契約を取ってくるというしくみです。これはほかの大手代理店も基本的には変わりません。

受注した案件を営業担当がプランニングして、専門家である会社に任せるのなら話は分かります。しかしそうではなく基本的には丸投げです。クライアントに出す企画書も、１ページから５ページまでリスティング担当が書き、６ページから10ページまではＳＥＯ担当が書いて、その次は制作担当が書いていく……という具合で、それを束ねると完成です。

企画書を全部自分で書いて、ここに書いてあることをやってくださいと外部に発注できるのは、優秀な営業担当者になります。リスティング広告もＳＥＯも制作も、自分で企画できるだけの知識や経験があるので、商談も全部一人で話をまとめることができるでしょう。そこまでできるプランナーには、大手広告代理店でもごくたまにしか会うことができません。

広告代理店は、企画を立てるプロだと思っている人が世間には多いと思いますが、広告も制作も分かった上で、企画を立てることができる人は、ほんの一握りです。

●代理店の下請けがクライアントの相談相手になっている

広告代理店だけでなく、ＳＥＯ会社や、制作会社も、自分たちでできないことを外注先に丸投げして、名刺を持たせて社員のように動かしています。特に運用やプランニングができる人が不足するので、私が下請けの会社にいたときは大手広告代理店からＳＥＯ会社、制作会社までさまざまな会社の仕事をしていました。

クライアントの相談に実際に乗っていたのは外注先の私だったのです。会社に電話するといつも不在で、直接取り次げないから営業を通して連絡するようにと言われたそうです。そのうちに、どうもあの会社の人ではないようだと勘づき、私が抜けた後で運用成績が急降下して、やはりそうだったと確信に変わったと言っていました。検索やフェイスブックで私の名前を調べて、あの代理店はもういいからあなたと直接仕事がしたいと連絡をされた事もありました。

また、こんなひどい代理店もありました。最初は業務提携して私が運用を黒子として担当していましたが急に担当から外されました。運用のノウハウだけ盗んで社内でやろうとしたのでしょう。しかし結果を出せなかったのでクライアントからクレームがついて、結局また担当として復帰した、ということもありました。外注先にまでこういうことをする悪徳会社が、真面目な会社の足を引っ張っています。

●バナー広告・ランディングページの制作も指示できない

広告代理店には優秀な人材がいるところもあれば、人材が不足している上に目先の利益しか考えないところもあるなど、その実態はさまざまです。そしてウェブマーケティングの業界についていえば、総じてクリエイティブの力が弱いのが欠点です。つまりバナー広告やウェブサイトなどを制作する力が足りないということです。内部に制作部隊がいるかいないかに関わりなく、ディレクションができる人がいないのが一番の問題です。

広告を配信する媒体や掲載する枠には詳しくても、また広告をうまく運用できる能力があったとしても、サイトやバナー広告の出来がよくなければそこでネットユーザーは離れていってしまいます。だからサイトやバナー広告の制作は重要なのですが、そのディレクションができる人がいないのですから、結構肝心な部分が抜け落ちていることになります。

誰もが知っているような大手広告代理店クラスになれば、大変有能なクリエイティブディレクターを抱えています。しかし中堅以下の代理店では、営業担当は100人、200人といるのに、クリエイティブの仕事に長けて制作を指示できる人が足りているところはまずありません。ですからクリエイティブは制作会社にディレクションなしでそのまま丸投げしてしまうか、分からないなりに内部でデザインしたりするがあまりいいものはできない場合のどちらかになります。

ネット広告の代理店であっても、広告の配信と運用はするけれども、マーケティングの両輪となるウェブページやバナーの制作までは仕事と心得ていないところが少なくありません。制作物の話をしてもあまり乗ってこない広告代理店には、ウェブページやバナーの制作を任せない方が無難です。

●大手代理店でもディレクター不足に悩まされている

こうして見ると広告代理店には、周りが持っているイメージとは異なり、ディレクションができる人材があまりいないことが分かります。

大手広告代理店の人が書いた本にも「ディレクターがいない広告代理店は存在意義がなく

なる」と書いてあるのを読んだことがあります。大手広告代理店でも、ディレクションをする人材の不足に危機感を持っているのが分かります。まして中堅中小の広告代理店はどうでしょう。広告主にここに出したいと言われて、ではそうしましょうという伝書鳩のようなことをしていたら、その代理店はやがて消えていくと私は思います。

ウェブマーケティングに限らず、ビジネスの全体を見てクライアントの課題を把握し、解決策を提案できるのがディレクターです。そういう人が身近にいれば、いろいろな相談にも乗ってもらえます。

●広告サービスのアカウントも取り上げる

グーグルやヤフーなどの媒体の広告サービスを利用するときに、広告代理店がその管理画面をクライアントから隠してしまうという話を前にしました。ただ見せないだけでなく、アカウントを代理店が作成してＩＤとパスワードを所有し、クライアントは管理画面にアクセスすることすらできなくなっていることがしばしばあります。

アカウントを持っていなければ、クライアントは広告の中身や設定が分かりません。代理店に抗議しても、当社のノウハウだから見せられないとか、会社が開示しない方針なのでダメという一点張りで受け付けません。

しかも契約書には「契約が終了してもアカウントはお渡しできません」と記載されているケースもあります。

この状態でもし契約を解除すると、クライアントのそのアカウントはＩＤとパスワードが分からないので使えません。それまで何年間も出稿していても、そのデータの蓄積は全部代理店が持ち、クライアントはまた別のところでアカウントを作って一からやり直しになります。

ですから広告代理店がアカウントを持っていると、クライアントはその会社に不満を持っても乗り換えるのに躊躇してしまいます。

また代理店がそれまで何をしてきたかの履歴が、管理画面を見ると出てきます。もし手抜きや不正をしていると、後を引き継いだ別の会社が見ればすべて分かってしまいます。クライアントが確かに依頼したはずのことを実際にはやっていなかったとなれば、業界内にその会社の悪い評判があっという間に広まってしまうでしょう。そうでなくても運用に自信がない代理店は、競合他社には内情を見られたくないというのが本音です。

管理画面を見せないのも、アカウントの所有権を渡さないのも、要は自信のなさの表れです。ほかにも理由はあるかもしれませんが、何をしていたか開示されるのを嫌がる時点で、自分たちが頼りない会社だと言っているようなものです。

クライアントの方も、開示されないブラックボックスに年間何百万円もかけることになるとしたら、それがいいことかどうかを考えてみるべきです。中身のあることをしてくれていたなら、管理画面もアカウントも開示してまったく問題ないはずです。何を見られても大丈夫という会社の方が信用できますから、そのような会社と契約した方がいいのは言うまでもありません。広告代理店の方も、きちんとした仕事をして結果を出していれば、お客さんは逃げていきません。

●代理店がアカウントを公開しないわけ

広告代理店がクライアントにアカウントを渡さないもうひとつの理由はほかにもあります。

例えばヤフーは自社の媒体を販売する代理店に関して、その代理店が持っているアカウントの数と売上をもとに評価をします。クライアントの持っているアカウントだと、いくら多く広告を出していても、評価されません。そうなると代理店も、なにもわざわざクライアントにアカウントを持たせておくことはないと考えるようになってしまいます。

代理店が下請け会社からクライアントのアカウントを取り上げたという例もあります。最初は月間予算が30万円程度と少ないクライアントだったので、アカウントも含めて下請けに任せていました。ところがその商品の売上が伸びて月に２００万円、３００万円と広告予算が増えてくると、自社で運用すると言い出してアカウントごと持っていったのです。これも私自身の経験談です。結局は先ほどの話と同様に１、２カ月で成績が急降下し、結局元通りにして続けることになりました。結果が出せなければ、いくらアカウントを自分のものにしても無駄だという見本です。

なおＳＥＯ会社でも似たようなことがあって、どういうサイトからリンクを張っているかをクライアントに明かすことはまずありません。やはり本当のところを知られるのを嫌がるからです。クライアントは、広告代理店にアカウントを握られるのと同様に、何をしているか分からないまま毎月費用を払い続けることになります。

●アカウント隠しでこうやって不正をする

なにごともそうですが、開示すべき情報を隠すことは不正の温床となります。その不正の手口を知っておくと、業界の人間にいいようにされずに済みます。次はその一例です。

２つのサイトにウェブ広告を出していて、予算は両方合わせて月に１００万円で、10件の反響を取ることが目的だとします。

ある月の実績で、サイトAで8件、サイトBで2件の反響があり、合わせて10件の目標を達成しました。ある広告代理店は、これをその通り月次レポートに書かずに、サイトAが5件、サイトBが5件と報告しました。

これだけはっきり反響に差が出たら、本来はサイトAに予算を絞るのが賢明といえます。それを5件ずつ取れているとクライアントに報告して、どちらも反響がいいから両方とも予算を増やしましょうと勧めるのです。

数字をごまかしてしてサイトBを推す理由には裏があります。実はサイトBは広告料金の30%が広告代理店に入ってきますが、サイトAは20%です。広告代理店としては、サイトBの広告をなくしてしまうと利益が少なくなるので実際の反響よりも水増しし、その分サイト

Aを減らしたわけです。

クライアントが自分で把握できるのは、実際に反響があったことを知っている合計10件という数字だけです。どういう経路で問い合わせが来たかまでは管理画面を見ないと分かりません。でもまあ目標を達成してよかったということで済まされてしまいます。

このように媒体によって広告代理店への手数料が違う場合は結構あるので、手数料のいい方を優先しようという方に傾きがちです。両方の予算を増やすのが難しければ、サイトBの方が、反響がいいように見せて予算を増やし、パフォーマンスのよいサイトAの方を減らしてしまうかもしれません。もしBの費用対効果が悪いのをAがフォローしていることがクライアントに分かると、もうBは止めてしまえと言われてしまうかもしれません。

だから代理店は生の情報をクライアントに知らせないのです。

顧客のメリットとは相反するのですが、広告代理店の事情でこうした操作が行われます。

●インセンティブがもらえる媒体を代理店は好んで売る

手数料率に差があるという事情のほかに、ある広告を売るとその媒体を持っている会社からインセンティブが出ることがあります。たとえば月５００万円以上売れば25万円をキックバックするといった条件で、インセンティブは丸々利益になりますから、なんとか売上５００万円を達成しようとします。広告を出した結果はパッとしない媒体でも優先して出稿し、インセンティブがない媒体を後回しにします。

代表的なところではヤフーに出稿すると、代理店にこのようなキックバックがあります。

私が広告代理店の下請けをしていたときのことですが、代理店の社内で、この媒体はインセンティブが付いてマージンもいいから、とにかくこれがいいと言って売ってくるようにと、朝礼で上司が営業担当に指示する場面にも遭遇しました。

もっと言えば、人間ですからある媒体の人と仲がよければ、そっちから売ってあげようという心理が働いても不思議ではありません。いずれにしても、代理店の都合で売りたがるものがあるということは知っておいた方がいいと思います。

クライアントの方を向かずに代理店本意になると、自分たちにとって都合のいい媒体を売りつけるという売上の立て方をしてしまいます。すると売りつけられる方は、なにかピンと来ないがやたらに推してくるという印象を持つはずです。そんなときは裏に代理店の事情があります。効果がないものを押しつけられて無駄に出費をしないよう注意しなければなりません。

●数字までごまかしてしまう詐欺的手口

実際の数字を隠しているのだからどうせ分からないだろうと、数字の書き替えにとどまらずに水増しまですることもあります。獲得目標が10件のところ、実際は8件しか問い合わせがなかった場合、2件水増しして目標を達成したと報告するのです。

問い合わせが8件しかなかったのはクライアントも知っていますから、さすがに隠せないのではないかと思うところですが、数多くの媒体に広告を出していたり、複数のプロモーションが並行して進んでいると、クライアントも個々の正確な件数までは把握できません。

またサイトAとサイトBの広告の両方を見て問い合わせがあった場合、どちらにカウントしても間違いとはいえません。それを両方にカウントするといった若干の水増しだと、なかなか分かりません。どうも数が合わないと言われたら、いろいろやっているので重複がある可能性があるが、少なくともこの媒体ではこれぐらい取れていると言い張って乗り切ろうとします。

しかし現実の数字があまりにひどくて、契約を切られないようにと無理な水増しをした結果、売上が少ないのになぜこんなに数字がいいのかと不正が発覚し、過去の水増し分まですべて精算することになった例もあります。

◇SEO会社の実態

●SEOだけで成功すると思い込んではいけない

少し前まで、ウェブマーケティングといえばすなわちＳＥＯという風潮さえありました。最近はスマートフォンの普及でＳＮＳでも情報が集まるようになり、検索をする頻度は減りました。さらにグーグルやヤフーが不適切なリンクを張っていると判定したサイトは検索画面に掲載されなくなり、ＳＥＯに対する熱もひところほどではなくなっています。

世間一般にＳＥＯという言葉が浸透しているせいか、これをやれば簡単に順位が上がると思っている人もまだ多いようです。しかしあるクライアントの場合、毎月70万円から80万円をかけてどうにか3位を維持するのがやっとです。よく使われるキーワードになると、順位を上げたり上位を維持したりするのに月１００万円近くかかります。それでも徐々に効果が表れればいいですが、うまくいくと言い切ることができないのがＳＥＯの弱みです。

もしトップに出ようとしたら、ウィキペディアに勝つのは至難の業です。ウィキペディアはそのキーワードについての情報が最も集約されたサイトとなっているからです。また大手企業が力を入れているキーワードとバッティングすると、企業規模やその企業のサイトに蓄積された情報量をしのぐことができません。ブランディングの観点からも大手企業はＳＥＯに結構な額の投資をします。だから3位というのは健闘している方で、その位置を維持するだけでも大変なのです。

ウェブマーケティングにおいて、ＳＥＯが重要な手段のひとつであることは否定できません。しかし大手ならともかく中小企業で、毎年何百万円も費用をかけて続けていく必要があるかどうかはよく考えなければなりません。またＳＥＯは続けることでじわじわと効果が出るという性格があり、短期的に売上を伸ばしたいのなら、確実に掲載されて即効性があるリスティング広告などの方が向いています。

パソコンやカギの修理や水漏れ対応など検索順位を上げるのが売上アップの近道という業種もあれば、検索以外の集客手法が重要な業種もあります。自社にとってどこまで必要かを検討して、ほかの手段にも予算を回してＳＥＯはほどほどにしておくという選択肢もあるでしょう。

ＳＥＯは、どうしてもやらなければいけないものではありません。ＳＥＯ会社にしても広告代理店にしても、やるものだと思い込んでいるのにつけ込んで、効果があろうがなかろうが勧めてきます。それにだまされないように、まずは気をつけなければなりません。

●不正リンクが影響して検索結果から消えてしまう

ＳＥＯに必要な金額を知ると、どうしてそんなにかかるのか、一体何をしているのだろうかという疑問が湧いてくるのではないでしょうか。

ＳＥＯには大きく分けて2つの方法があります。地味だけれども間違いのないのが、サイトのコンテンツを充実させるという方法です。殊にテキストを増やしていくほど検索エンジンの目に留まりやすい傾向があり、ブランディング優先でデザインを重視したいサイトであっても、大量のテキストが並んでいたりします。パッと見ると文字ばかりだなとか、字が小さいなという印象のサイトは、おそらくＳＥＯのために見栄えをある程度犠牲にしています。それを見やすくしてしまうと、検索したときに順位が下の方になってしまうかもしれないというジレンマがあります。

もうひとつの手段が、ほかのサイトからそのサイトへのリンクを増やすというものです。多くのサイトからリンクされているほど、そのサイトの内容が優れていたり注目度が高いはずだという考え方です。ただグーグルが不正なリンクと判断すると、まったく検索結果に載らなくなったり、ずっと下位の方に順位が落ちてしまいます。今では不正リンクを張っていないか心配して尋ねてくるクライアントも増えています。

ですがリンクしているサイト同士の関連性が高く、サイト自体の内容が充実していれば、まず問題になることはありません。ですから自社サイトのテキストを充実させてページを増やすだけでなく、独立したサイトを制作してそこからリンクを張るという方法もあります。

毎月テキストを増やしていくにしても、リンクするサイトを新設するにしても、それなりに手間と費用がかかります。そのためきちんとしたＳＥＯで順位を維持するのに毎月何十万円もかかるのは十分に理解できます。

●ＳＥＯ会社は、いつかは検索順位が上がると言い続けるが

検索エンジンに関連したウェブマーケティングのサービスでも、リスティング広告だとクライアントにも結果が数字となって目に見えます。広告費をいくら掛けたら、どれくらいのアクセスが想定され、どれくらいの売上が見込めるだろうという仮説をもとに、事業プランを立てることができます。またワンクリックでいくらという明朗会計です。どの広告にいくらかけるかも調整できます。

しかしＳＥＯは、いくらお金を投じたからこうなりましたという明確な数字が出てきません。たくさん費用をかけたから上位になるという保証もなく、いつ効果が出るかは検索エンジンしだいです。何位になるか分からないままに、手探りで続けていくので、ＳＥＯを軸にして事業のプランを立てるわけにはいきません。

お金を出す立場としては、順位が上がらなくても毎月取られる何十万円はなんなのかという気持ちになりますが、リスティング広告のようにいくら費用をかけてどれだけクリックが

増えたという明確な提示ができないだけに、ＳＥＯ会社はつかみどころのないような言い訳をすれば済んでしまいます。

「今テキストを増やしているが、まだ上がってこない。もう少しで上がるはずだ」

「競合他社もやっているから、それに負けないぐらいやらないといけない。だからもっと費用がかかる」

「グーグルのアルゴリズム（検索順位を決定するルール）が変わったので調査して対応する」

こう言われても納得できるわけではありませんが、クライアントもよく分からないので、ただ聞くしかありません。先ほども触れましたが、リンクをどこからいくつ張っているのかについても、ほとんどの会社は自社のノウハウなので公表できないといった理由でオープンにしていません。

●契約解除すると外部リンクを外されてしまう

グーグルからペナルティを受けて困ってしまった経験を持つ企業は少なくありません。検索結果から消えてしまうと、場合によっては会社の生死を分けることになります。クライアントから訴えられたＳＥＯ会社もいくつもあります。

なかには不正なリンクはしていないと言いながら、実は裏ではしているＳＥＯ会社もありますから、頼む相手を間違えると危険です。

一度消えてしまうと検索結果に復活させるのは難しく、復活させることを専門にしている会社があるほどです。復活させるためには、お金を出して無理にリンクしてもらったようなサイトをひとつひとつ取り除き、テキストを充実させて、グーグルの方針に沿ったサイトに直してから申請を出してチェックを受けることになります。しかし見えないところにリンクが残っていたりするので、それを指摘されてまたリンクを剥がしていくという作業が続きます。

なおＳＥＯ会社側との契約を解除すると、それまであったリンクはすべて剥がされることになります。リンクを張ったのはＳＥＯ会社なので、クライアントの資産ではないという理屈です。毎月何十万円もかけてきたのに、解約したらリンクは１日でゼロになってしまいます。まるで高額な掛け捨ての保険料を払い続けてきて、解約したらいきなり保証がゼロになるようなものです。クライアントとしては信用できない会社だと思っても、順位が落ちるのが怖くてなかなか解約に踏み切れません。

ＳＥＯのためにテキストを制作する作業まで、クライアントにさせている会社も目につきます。こんな文章をこれぐらい書くようにとＳＥＯ会社に指示されてその通りにやって、月に1回打ち合わせに来ただけで40万円取られるという話も聞きました。

検索エンジンはもともと誰でも使える公式サービスのようなものです。ＳＥＯはそれに便乗した商売といえます。グーグルがペナルティをかけるようになったのも、ＳＥＯ会社のビジネスをよく思っていないからです。順位がいつ、どこまで上がるかは、結局はグーグルしだいです。

しかもＳＥＯの性質上、即効性は望めません。すぐに問い合わせが増えることを期待したら、あてが外れてしまうでしょう。ＳＥＯをメインにウェブマーケティングをしていると、いつまでたっても効果がないということも起こり得ます。そのことを理解した上で、ビジネス的に検索順位をある程度維持する必要があるなど目的を明確にした上で活用していただければと思います。

●リスティング広告業界を荒らす元ＳＥＯ会社

ＳＥＯ会社は、ＳＥＯしか売るものがないので、検索順位を上げましょうという以外の営業トークがありません。そのためほかのウェブマーケティングの手段をまるでよくないもののように言いふらしてＳＥＯを売り込もうとする傾向があり、殊にリスティング広告については、ＳＥＯをやっていれば必要ないと根拠もなしに否定してきました。もし必要ならばＳＥＯもリスティング広告も一緒にやればいいだけのことですが、リスティング広告を悪く言えばその分、自分たちの仕事の予算が増えると考えたのです。

ところがＳＥＯのブームが鎮静化するとそれだけで事業が続かなくなり、今までさんざんよくないと触れ回っていたリスティング広告の代理店を自ら始めました。

するとＳＥＯもリスティング広告も売るために、ＳＥＯも重要だが順位を上げにくくなっているので、リスティングの広告枠も出せば両方で効果が出るという言い方をします。もうＳＥＯを売るのを諦めた会社は、リスティング広告の方がすぐに集客につながると、今度はＳＥＯの方を否定してしまいます。

いずれにしてもリスティング広告については後発組なので、得意な営業で契約は取ってきてもやり方がよく分かっていないという致命的な弱点があります。こういう会社に頼んでしまったクライアントは、効果が表れずきちんとしたフォローもないので、リスティング広告はダメだと思い込みます。しかもＳＥＯ専業のときの癖で、何をしているのかなるべく開示しないでリスティング広告を扱うので、ウェブマーケティング業界全体にネガティブな印象を与えてしまいます。

迷惑なのはリスティング広告に真面目に取り組んできた会社で、一度染みついた悪いイメージを払拭するところから営業活動を始めなければなりません。

このような業界を荒らしている元ＳＥＯ会社には、何を頼んでもうまくいかないと考えて、営業にやってきてもパートナーに選ばないようにしましょう。

リスティング広告についてのノウハウもなく、実績も上げられなくて自信がありませんから、リスティング広告絡みの質問をしていって口ごもったり落ち着かなくなると、どうも怪しいということになります。

のちほど、リスティング広告を見極めるためのチェックポイントをご紹介します。

◇制作会社、コンサルティング会社の実態

●制作会社は集客のノウハウがないに等しい

ウェブページやバナー広告を作っている制作会社は、人目を引くデザインなどクリエイティブ系の作業を得意としています。ただ自分でウェブマーケティング全般に関わったというデザイナーはまずいません。社内にもマーケティングに詳しい人間がいないため、個々の事案に合ったセールスプロモーション戦略に沿ったものを作ることには慣れていない会社が多いのが実情です。

するとデザインは確かにいいけれども、これを見て商品やサービスに興味を持ってくれるか疑わしいような制作物ができてきます。プロモーションという目的から外れてしまったら、いくらいいデザインでもあまり意味がありません。総合的にディレクションできるプロデューサーが制作会社かクライアント企業にいれば、あるいは外部から第三者的な立場で関わっていれば、こうした失敗をなくすことができます。

クリエイティブは優れているが、それ以外にこれといった強みがない制作会社に、プロ

モーションやマーケティングまであえて依頼する必要はありません。プロモーション部門やマーケティング部門を置いてそこまでやろうとする制作会社もあります。しかしディレクションする人がいなければ、プロモーションに向いたウェブページやバナー広告は制作できません。

デザインとかコーディングはできるけれどそれ以外は得意ではないと、正直に話してくれる制作会社もあります。でも作った後の運用もやって集客までしてほしいという話が来てしまうことがあるそうです。立場上断ることができないと、外部の力を借りてなんとかしのいでいるということです。これは頼む方にも問題があります。相手が専門としていることは何かを見極めずに、できないことを任せたらいい結果は出ないに決まっています。

●口だけは出すが何もやらない経営コンサルタント

経営コンサルタントに会社の内情を調査させて改善点を挙げてもらうという企業もあります。概して経営コンサルタントは、人員の最適配置やコストの最小化というところばかり見て、業務にかける人数を減らしてお金をかけなくする提案をしてくる傾向があります。ウェブマーケティングについても口をはさみ、この広告は本当に必要なのかなどと言ってきます。実際にあまり効果が出ていない広告もあるので、そこを指摘されると経営者はうーんと悩んでしまいます。

しかしコストを削っているだけでは、企業は成長しません。まず儲かる道筋を作って売上を伸ばすことが第一です。その後に、いかに人を補充するかまたは減らすか、無駄なコストがあれば削るかという順番になります。守りも大事ですが、攻めもないと、良くて現状維持で止まってしまい、成長は見込めません。

ウェブマーケティングは売上を伸ばすための、まさに攻めの経営手段です。そこを考えていない経営コンサルタントの提案を鵜呑みにして予算を減らすと、効果的なウェブマーケティングができなくなってしまいます。

せっかく成長できるチャンスやポテンシャルがあるにもかかわらず、口だけ出して実践力のない経営コンサルタントはウェブマーケティングに関する経験や専門知識もないのに成長の芽を潰すことがあるので慎重に判断してください。

◇運用代行手数料、月次レポートの内容

●安かろう、悪かろうの代理店を絶対に選んではいけない

ＳＥＯの場合、どんなキーワードかによって変わりますが、費用は月に数十万円と見ておくのがよいでしょう。きちんとやってくれるＳＥＯ会社であれば、それぐらいはかかってしまいます。逆に何をしているか分からないが月に１回訪問してくるだけでこの金額だと、いかにも高いという印象です。

リスティング広告の場合、手数料が相場よりも逆に安過ぎるところは、かえって心配です。ときには10％を切って、５％とかで売り込んできます。広告予算が月１００万円でも、手数料は10万円以下にしかなりません。まして5万円で何ができるのか、聞いてみたくなります。

安さで勝負するところは、営業に来ると今の手数料を聞いてきて、うちはそれ以下でやるというトークで攻めてきます。こんな運用ができるとか、この会社がウェブ広告でこれだけ売上を伸ばすことができたという話は一切なく、手数料一本で押してくるところは中身がなく、なにもできませんと最初から言ってしまっているようなものです。当然、信用すること

もできません。

競争相手が出てくると、どんどん手数料を下げる広告代理店もあります。不安になって値下げすると、その分サービスの質も下げなければならなくなります。彼らがウェブマーケティングって安い手数料でもできるものなんだという認識を、業界に広めてしまっています。

手数料５％の代理店から20％のところに替えると、費用は前よりもかかります。しかし商品の売上が２倍、３倍になれば、手数料の差額はたいした問題ではなくなります。また手数料10％の入社１、２年目の社員と、20％の10年以上のベテランとでは、どちらを選ぶのがいいでしょうか。よい結果が期待できるのは後者の方で、経験が浅くて売上が伸ばせなければたとえ10％の手数料でも無駄になります。

さらに20％の手数料のベテランが、今狙っているターゲットのほかに、このあたりも狙ってみればもっとコンバージョンが取れるはずではと気づいて提案してくれれば、事業領域の拡大ができます。一歩踏み込んだ仕事をしてくれると、経営戦略上もプラスになり、いろいろなノウハウが社内に蓄積されていきます。20％の手数料の中にはネット広告の運用代行だけでなく、付加価値も含まれていることになります。

リスティング広告を10％の手数料で代理店に任せて満足しているというクライアントもいますが、10％ではそれに見合った満足しか得られないはずです。

ウェブマーケティングがうまくはまったときの威力を知らないので、多少反響がある程度でよしとしてしまっているのでしょう。ですから広告代理店を決めるときには、手数料の安さで決めるべきではありません。それなりの代理店にしか出会えず、結果的に不満を抱えたままの状態が続くか、ウェブマーケティングの可能性に気づかないままでいることになってしまいます。

●月次レポートの内容に表れるウェブマーケティングの質

ウェブマーケティング会社の良し悪しは、月次レポートにも表れます。

よくない会社の月次レポートは、数字を集計しただけで、見ても分かりにくく、分析や考察などのコメントが見当たりません。その会社のフォーマットに合わせて数字を載せただけで、見るべきポイントの説明がありません。数字の集計項目も少なく、広告別やキーワード別に載っている程度です。

ただ数字を集計しただけのレポートではなく、しっかり運用の分析・考察が記載されて今後の改善施策も提示されていれば良いウェブマーケティング会社と言えます。

第3章

問題は依頼先だけにあらず。
丸投げ体質の依頼者たちがウェブマーケターの〝カモ〟

発注元が茶番劇の舞台を用意してしまう

おざなりな運用しかせずに、営業だけは一生懸命な広告代理店やSEO会社。そんな会社が幅を利かせ、ときにはお客を食いものにする。クライアントは不信感を持ちながらもどうしていいか分からずに出費を続ける。これがウェブマーケティング業界の実態です。

私は真面目に取り組んでいる同業他社の足を引っ張る、こうした自称〝ウェブマーケター〟の存在を許すことができません。

その一方で、発注する側がこれでは成果が出ないのも無理はないと思うこともたびたびあります。

発注する相手をきちんと選ばない。ウェブやマーケティングについての基本知識がなく、持っている情報が古い。なにごとも相手任せにして、数字が伸びない原因も考えようとしない。どれもウェブマーケティングをうまく展開できないでいる企業の典型です。

こんなクライアントが、〝ウェブマーケティング〟に名を借りた茶番劇の舞台を用意し、問題のあるウェブマーケティング会社を迎え入れてしまっています。

たとえ独自の商品開発や技術力の向上を追求するのに一生懸命でも、それを売上に結びつけられなければ会社の成長にはつながりません。ところがマーケティングやプロモーションの重要性を認識していない経営者が多いので、端で見ている方が歯がゆい思いをしてしまいます。

ウェブマーケティングを利用して売上を伸ばし事業を拡大するのは発注元の企業で、広告代理店や制作会社、ＳＥＯ会社などはそのために利用するパートナーでしかありません。まやかしに騙されることなく、自らがウェブマーケティングの主役となって売上を増やしていかなければなりません。

次の項目から私がこれまで見てきた残念な発注元企業の例を紹介していきます。ぜひとも同じような失敗をすることがないようにしていただきたいと思います。

大手広告代理店に丸投げしても何のメリットもない

まず問題なのは、やはり丸投げするクライアントです。

よいクライアントとよいウェブマーケターは、信頼関係が深まるほど両者の間でメールが飛び交い、対話のキャッチボールが頻繁になるものです。そしてクライアントは積極的にウェブマーケティングに関わっていきます。

その反対に、丸投げするクライアントは、すべてを発注先に委ねてしまいます。ですから、付け入る隙を狙っているような会社につかまると、いいカモにされてしまいます。

ある企業は、社長同士が知り合いだからという理由でリスティング広告の発注先を決めていました。「どうしても頼まなければならないしがらみがあるらしいんですが、そこの営業の人は言っても動いてくれないし、広告を出していても全然数字が伸びないんです」とウェブ事業部門の社員は嘆いていました。いくらつながりがあるとはいえ、社長が始めから発注先を限定したのでは、コントロールの効かない丸投げ体質になっていきます。

そうかと思えば、「うちは大手代理店のA社にお願いしていますから」と得意そうに、ある会社の社長に言われて返事に窮したことがありました。大手広告代理店に丸投げしていることは、安心材料なのでしょうか。失礼ながら、この会社は大丈夫かなと思いました。

私は大手広告代理店の下請けをしてきたので、その内情をある程度は知っています。彼らが本気になって取り組むのは、大手クライアントによる年間予算が億単位以上のビッグプロジェクトです。最近は中堅どころから下のクラスの比較的予算の少ない案件にまで手を伸ばしていますが、そのためにわざわざプロジェクトチームを組むわけではありません。片手間で適当にやって少しでもお金が入ってくればいいという感覚で、まだ経験が浅い人間に任せたりします。

トップクラスの広告代理店は、クルマならトヨタや日産自動車など超有名企業が頼むところで、あなたの会社を本気で相手にはしないから身の丈に合った会社を探すところから始めてくださいと言ってあげたくなります。

制作会社選びでもネームバリューに惑わされてしまう

会社のネームバリュー中心で、ウェブサイトの制作会社を選ぶ人もいます。制作実績を見て大手企業がずらりと並んでいると、それだけでここなら大丈夫だと思って任せてしまうのです。

日頃から大手企業の仕事を中心にしている制作会社は、デザインを重視したサイトを制作するのを得意としています。大手企業はブランディングやイメージ戦略を常に考えているからです。

ところがこういう制作会社は、売上に直結するようなサイトを作ることには慣れていません。その結果、ネット上で商品に興味を持った人をこういう会社が作ったサイトに導いても販売や会員獲得に結びつかず、効果がまったくなかったということが起きてしまいます。

パートナー選びをするのにネームバリューにとらわれると、こんな落とし穴があります。どの会社に頼むかよりも、むしろどんな担当者がついてくれるかという事の方が大切です。ブランド品を買うのとはわけが違います。無名でも小さい会社でもかまわないので、自分たちにふさわしい仕事をしてくれるウェブマーケターや制作会社を探しましょう。

これがウェブマーケティングだと決めつけてしまっている

次は、頭の切り換えができないでいるというパターンです。ウェブマーケティングといえば、このやり方しかないと決め込んでしまっているのです。殊に、いまだにＳＥＯにしか目が行かない場合が目立ちます。

「ＳＥＯもいいですが、ほかにも手段はあります。御社のビジネスを分析した上で、ターゲットとなる購買層にうまく響く方法を考えましょう」

こんな説明をしてもなかなか聞き入れようとしません。経営者やウェブ事業担当の窓口がＳＥＯこそが特効薬だと思い込んでいる会社は、それを単品で押してくる会社の思うツボです。「その通り。ＳＥＯこそ特効薬です」とすぐに契約書を取り出してくることでしょう。

リスティング広告やディスプレイネットワーク広告など複数のプロモーション手段を紹介されると、「うちは予算がないからそんなにできない。どれかひとつに絞らないと」としり込みしてしまう人もいます。ウェブマーケティングはお金がかかるという印象が強いのか、２つも３つも手を着けたらたいへんな費用がかかってしまうと思ってしまうようです。

でも初期費用を抑えて無駄なクリックをなくすなど運用の工夫をして、限られた予算でもいくつかの施策を並行して走らせることはできます。要は予算の範囲で最大の効果を出す方法を考えることが大切です。ウェブだけにこだわらず、雑誌などの紙媒体やダイレクトメールなどを組み合わせてもいいのです。発想を最初から狭い枠に閉じ込めてしまうことはありません。

サイトを作るなら絶対にデザイン重視だとか、ウェブで自分たちの商品の価値や事業にかける思いをどうしても伝えなければというこだわりを持つ会社もあります。しかしお金がないからと、最初の一歩を踏み出せずにいます。

理想を思い描くのはいいですが、それだけでなくどうやってそれを実現するかを考えないと、こだわりのままで終わります。まず売上を伸ばすウェブマーケティングを実践して利益を得てから、やりたいことに手を着ければいいのです。しかしそう提案をしても、やはり頭の切り換えができなくて、自分たちがやりたいこととは違うと言って受け入れてもらえないこともままあります。

ウェブマーケティングの社内担当者は安易に決めてはいけない

ウェブマーケティングなんだからウェブとかＩＴのことに詳しい社員に任せればいいだろ

うと、安易に担当を決めていないでしょうか。しかしＩＴ企業なら別ですが、一般企業でウェブに詳しいといっても、ほかの人よりはいくらか物知りといった程度でしょう。

ウェブについての知識は後からでもある程度覚えられます。困ってしまうのは、販売やマーケティングに疎いウェブ広告の担当者です。

「やれと言われたからウェブマーケティングを担当しているんですが、あまりよく知らないんです」と言われると、この人をこのポジションに置いていていいのかと心配になります。この商品をどれだけ売る予定なのかを聞いても「さあ、よく分かりません」という答えが返ってきます。ウェブで商品をどれだけ売っていくかという会社の戦略がなく、せいぜい予算額を決めたぐらいで売上目標を立てないままに任されているのかもしれません。

こういう担当者は、広告代理店やＳＥＯ会社、制作会社から聞いたことを社長や幹部にそのまま報告し、何か言われたら今度はそれをウェブマーケティング会社に伝えるという伝書鳩のような存在になります。上長の印鑑がないと、施策にゴーサインを出すこともできない立場です。

しかし規模の小さい中小企業なら、少なくとも決裁権のある人を担当者に据えるべきです。

ウェブマーケティングによる年間売上目標や利益目標の数字が頭に入っていれば、ではこれぐらい集客をして顧客単価はいくらでというところまで話を詰めることもできます。

契約は、社長や役員が相手の顔を見てから決める

ウェブマーケティングでの成果は、社長や役員クラスの本気度にも関係があります。

大企業なら話は別ですが、そもそも「ウェブ担当」という概念を捨ててほしいと私は思っています。ウェブマーケティングに関しては、社長や役員という経営の中枢にいる人たちが直接関わるか、そうでなければ経営企画など社長直属の部門の仕事と位置づけるべきです。

プロモーションやマーケティングは会社の業績を大きく左右しますから、それをどこに任せるかの判断は、社長として一、二を争う大事な仕事かもしれません。それなのに多くの会社では、ウェブマーケティングの重要性について経営者の意識が低いと思わざるを得ません。

ウェブマーケティングは、結局はどうやって商品を売るかという話ですから、経営に携わっていて、事業戦略の話ができる人が出てこないと成果が出せません。

特に中小企業であれば、正式に契約をする前に一度は社長が営業に来た広告代理店などの担当者の顔を見ておくべきです。もし同席できなければ、信頼している二番手とか三番手の役員クラスが出て行って、社長と相談した上で決めます。ウェブに少し詳しいというだけの一般社員に、君が担当だからとウェブマーケティング会社選びを任せてしまうのは荷が重いというものです。

それなりに予算もかけてプロモーションをするのであれば、社長や役員がノータッチではいけません。社員が20人とか30人、あるいは数名でも、担当者に丸投げしている会社もあります。社員に丸投げしてしまうと反響が少なく効果がなくても放りっぱなしになり、ウェブマーケティング会社に食いものにされても気がつかないままになってしまうかもしれません。

そもそもウェブマーケティングで何がしたいのか明確でない

ウェブマーケティングについて勘違いしていたり、思い込みが激しい人がいる一方で、逆になんのプランもなしにやっていて、この人は何をしたいのだろうと疑問に思うときがあります。

問い合わせがあって訪問すると「うまくいってないんだけれど、なにかいいアイデアない？」と聞かれたりします。

こういう会社は、契約先を替えては相手が勧めてきた通りに広告を出してみて、どうもうまくいかないからまた次を探すということを繰り返しています。

ウェブマーケティングでどんなことができるのですかとか、今ここが困っているから改善できませんかと聞くのなら話は分かります。しかし、ただざっくりと「何かない？」では答えようがありません。

それでもなんとかしようとして、今の経営状態はどうですか、売りたい商品はなんですかと質問してくるのは良心的な会社です。普通は面倒なので適当に選んだリスティング広告やランディングページ制作のプランを説明し、費用はこうですがいかがでしょうとお座なりな提案をすることになります。事前に検証もせず、仮説も立てずにただやってみるだけですから、ターゲットにヒットして売上が伸びるとはとても思えません。

例えば病院に行って、自分の悪いところを説明する前に「先生はどんな治療ができますか？」と聞く患者はいません。お医者さんも、まずあなたの症状を話してくださいと聞いてくるはずです。どうしてほしいかよく分からないけど、とりあえずこういう薬があるから試してみる？　と言って処方されたら、普通の神経では怖くてとても服用できません。

それと同じようなことが起きていると考えれば、いかに奇妙な状況かが理解できます。

マーケティングのリテラシーが低いクライアント

情報を出さない、あるいはもともと持っていないクライアントはマーケティング戦略などには興味がなく、予算の範囲に収めることしか頭にありません。そして安く済む広告代理店や制作会社を選んでしまいます。しかし前の章でお話ししたように、手数料を下げて仕事を受ける代理店は実際にはほとんど何もしてくれないので、また別の会社に「うまくいってないんだけれど、いいアイデアない？」と聞いて回ることになります。

身体の状態を知るには、問診のほかに体温や脈拍数、呼吸数、血圧というバイタルサイン、血液や尿などを検査した数値が参考になります。企業経営の場合はこれにあたるのが売上高や利益額などの経営指標、販売実績や経費などの情報です。こうした情報がなくては治療計画を立てられません。

マーケティングでも、いくら予算がかけられるのかをもとに、利益を出すために売上がいくら必要かを試算します。ここまでは第一段階なのですが、それさえしていない会社は珍しくありません。さらに顧客層の年齢分布、性別、居住地域、年収などの情報を、申込書やアンケートなどをもとに出してもらえれば、どんな手段をどう使おうかという計画が立てられます。

このような情報を事前に集計してある会社は、ふだんから自分の身体検査をしているようなもので、何をするにしてもすぐに対応できます。さらに前の広告代理店と契約していたときの情報があると、その時点で何がよくなかったかも見当がつきます。その問題を潰すためにまた別の情報を取って活用していけば、ウェブマーケティングの中身がより充実したものになっていきます。

いきなり電話一本でウェブ制作の見積もりを要求してくる

せっかちなところだと、電話でいきなり「見積もりと資料を送ってください」と言ってきます。

「1回打ち合わせをさせてもらって内容を聞いてから、この予算ならこんなことができると提案しますので、お時間をくれませんか」と答えると、「それならば結構です」と電話を切ってしまいます。

常識で考えても、どんな会社なのか、何をしようとしているのかもよく分からないのに、見積もりを出せるわけがありません。しかしこういう会社が結構あるのです。おそらく何社からも見積もりと資料を取り寄せて、面談をするところはその中から絞るというやり方をしているのでしょう。そうしないと社内稟議《りんぎ》が通らないのかもしれません。

しかしウェブマーケティングを任せる相手を選ぶのは、オフィス用品や家電製品を買うのとはわけが違います。依頼する側とされる側が話をしていく中で、どういう施策が立てられるかが初めて見えてきます。そこから見積額が決まるので、スペックや価格を比較して決められるものではありません。

まるで家電でも買うかのようにパンフレットをいくつももらってきたり、価格ドットコムで安い順から並べてみるように見積もりと資料だけで依頼先を決めてしまったとしたら、どうなるでしょうか。とにかく制作費を抑えてサイトを作ったはいいが、「こんなサイトでは成果は期待できませんよ」と広告代理店に言われて結局作り直すといったボタンの掛け違いが起こります。安く抑えたつもりのサイトが、まったく無駄になってしまうのです。

ターゲットがあいまいなままで売ろうとする

これからウェブで売ろうと考えている製品について、とにかく熱心に説明してくれる会社があります。

「この製品はこんなことができるんです。どうです、絶対売れますよ」の一点張りです。

マーケティングの視点からすると、こういう会社は自社商品のターゲット分析が足りていません。どんな人がその製品を欲しがるのか、想定したユーザーに製品の存在を知ってもらえるプロモーションをいかに展開するか。そこを考えていかなければ、たとえいいものであってもなかなか売れていきません。

先に市場調査をしてから、その結果を分析して開発をスタートさせるニーズ先行型の製品であれば、もともとターゲットは織り込み済みです。しかし自社の技術や強みを生かしたシーズ先行型の商品開発だと、誰がそれを使うのかを置き去りにしたまま性能や機能を充実させることだけにこだわってしまうケースがままあります。

クライアントと打ち合わせをしていると、新製品だけでなく既存の商品でもその顧客像がつかめていなかったりします。ところがなんとなく若い女性が買っているだろうと想像していたのが、ウェブプロモーションを始めてもっと上の年齢層や男性にもアプローチしてみたら購入につながったという結果が出て、クライアントが驚いてしまうことがあります。

どういう属性の人たちが自分たちの商品のお得意さんなのかを把握していなかったため、ほかにも戦える場所があるのを見逃してしまっていたのです。統計の数字は嘘をつきませんから、次はこの層に向けて発信すればもっとビジネスが広がるのではないかと期待できます。

以前にヒット商品を出していて、そのときの成功体験から抜け出せない会社もこのパターンに入ります。それが売れた時代とは、市場の状況が変わっています。ユーザー像についても常に見直しをしていかなければなりません。アンテナを張って情報を仕入れ続けていけば、もう一度売れるようになる可能性も出てきます。

ただ、中小企業でそこまできちんとマーケティングができる会社はなかなかありません。そして自分たちの思いや経験にこだわり過ぎてしまいがちです。こんなところにもお客さんがいますよとアドバイスをしても聞き入れてくれるクライアントは少数派です。

誰もが狙うキーワードでは費用対効果が合わせづらい

ユーザー層の想定ができたとしても、そこに商品情報を届ける手段が必要です。そのために広告を使いますが、出稿する的を外してしまうと結果はパッとしません。ところがいったんツボにはまると、ウェブマーケティングはびっくりするような反響があります。

子供用の健康食品などを販売しているある会社では、始めのうちはリスティング広告で「子供　サプリ」「子供　健康食品」「キッズ　サプリ」といったキーワードを設定し、このキーワードで探したときの検索結果の画面に広告を載せていました。

しかし健康食品やサプリメントのメーカーをはじめとして、たくさんの会社がこのようなキーワードを設定しています。キーワードは入札制でクリック料金が決まるので、このようにたくさんの人が設定しようとするワードは価格が上がります。この会社もワンクリック当たり数百円かかるようになり、そのわりには反響がなくて費用対効果が合わなくなっていました。

そこでこの会社は攻め方を変えることにしました。子供向け商品なので、検索するのは主にお母さんです。ターゲットとなるお母さんたちは、ほかにも子供たちが好きなキャラクターやおもちゃの情報を探しているはずだと仮説を立てて、人気アニメキャラクターを検索した履歴のある人にバナー広告を配信しました。

コンバージョンとなるサンプルの請求数は１・７倍となり、コンバージョン１件当たりにかかるコストも大きく下がりました。

ほかの健康食品やサプリメントのメーカーは、アニメキャラクターの方にはおそらく手を出していなかったでしょう。ところが子供向けサプリを購買しようとする層にはうまくマッチしたのです。

さらにランディングページを、すでにサプリを探している顕在ユーザー層向けと、そこまでいかない潜在ユーザー層向けに分け、ページ構成や訴求のしかたを変えて制作しました。これによってまたコンバージョン率が高まりました。このほかスマートフォンで検索する人向けの予算を増やして、キュレーションサイト（ニュースや情報などのまとめサイト）にも広告を配信するなど、細かい運用の積み重ねでさらに成果を上げています。

もうひとつは、美容や健康に関心を持つ女性向けのプロモーションの事例です。コラーゲンのサプリメントと化粧品を販売し、メインターゲットは三十代から四十代の女性でしたが、やはり競合各社とキーワードがかぶり、クリック単価が非常に割高になってしまっていました。

「コラーゲン」や「サプリ」「化粧品」を組み合わせたキーワードはもう先が見えたので、その頃人気が出てきた韓流のアイドルやアーティスト、ドラマなどの情報を載せたポータルサイトに商品を案内するバナー広告を出し、また韓流関連の検索をした人向けにリスティング広告を配信しました。これにより、それまでアプローチできていなかったターゲットに広告が届くようになり、成果を上げることができました。

ちょうどコラーゲンと韓流が同じタイミングで流行して、どちらも流行に敏感な女性が興味を持っていたのです。商品のターゲットと韓流ファンの年齢層が近かったことも成功した要因のひとつです。

人が来ていない漁場＝ブルーオーシャンを狙え

ウェブ広告を始めるときは、まずは第1段階として誰でも考えつくような媒体に出稿したり、キーワード設定をしてみてかまわないと思います。とにかくやってみればどんな形であれ結果が出ますから、これではダメだと思えば、違うやり方を考えてみればいいのです。

商品に直接関連するキーワードの設定やウェブページへの出稿も無難に続けていいのですが、そこに躍起になって費用を投入せず、予算の一部を違うところにも向けてみます。

そのときに、できるだけみんなが集まって血眼になっている場所から離れるという発想を持つのがポイントです。

自分たちが売っているのはどんな商品か、その先にいるユーザーがどういう人かを想定し、その人たちは何に関心を持ちそうかと考えてみます。たとえば韓流ドラマが好きな人がうちのお客さんには多いかもしれないと思えば、韓流ドラマを見ている人たちに自社商品を知らしめます。それで成功したのが、コラーゲンの化粧品とサプリの会社です。

ウェブマーケティングがまだ広まっていなかった時代には、やっている人が少なかったので、みんながいる漁場を探して同じことをすればある程度は成果を得ることができました。しかし今はもう同じ漁場に行っても期待はできません。

みんなが網を張っている漁場以外にも、反響がよくて結果が出る場所はあります。そこに的確にターゲティングができれば、競争相手がいないところでどんどん反響を得ることができて、売上増につながります。

しかしみんながいないところにある漁場を見つけたとしても、2、3年後にはそこにも人が集まってきます。そうしたらまた誰もいない漁場を探します。

広告の配信先やキーワード設定だけでなく、プロモーションの手段についても同じことがいえます。たとえばＳＥＯは全国から競争相手が集まるのに、１ページに10社しか掲載されません。この限られた枠の中での戦いには限界があります。

競争に勝つためには違う視点から考えられる頭が必要だと、クライアントと話をしているとよく感じます。

会員登録、無料お試し、問い合わせだけでは意味がない

ウェブ広告の効果を測る評価基準は、クリック数やコンバージョン数などいくつかあります。それらの指標をチェックするのは当然ですが、ウェブマーケティングの目的は売上をアップして、利益を増やすことです。クリック数やサンプル請求が増えて、会員を獲得しただけで満足してしまっていないでしょうか。

一般ユーザーからの商品買い取りをしているある会社では、ラインで友達申請をしてもらい、スマホなどで撮影して送ってもらった写真をもとに査定をしています。家にいてもすぐに査定金額が分かるので便利です。こういうサービスをしていますということをリスティン

グ広告で告知し、ランディングページから友達申請ができるようにしました。

広告代理店とはラインの登録数だけを指標に話をしていたようです。ただその中で査定を依頼してくる件数は少なく、買い取りにまでつながるケースはさらにそれ以下でした。

買い取った商品を売りに出して差額が利益になるのですから、いくら友達申請が増えても査定から買い取りにつながらなければビジネスとしては意味がありません。しかもライン登録までに広告料金がかかっていますから、買い取り1件当たりの費用対効果も悪化していました。

友達申請が多いことに、まったく意味がないとはいいません。それだけ認知度は高まっているでしょう。そのうちに買い取りに出すかもしれないから候補として考えておこうと思っている潜在ユーザーは増えていると考えられます。

しかしそこから先に進まないと、登録者を集めただけで終わってしまうかもしれません。

そこでこの会社では、登録数よりも、査定件数、買取件数をいかに伸ばすかに方針を切り替えました。

その結果、1カ月当たりの登録件数は減少しましたが、前よりも査定を目的とする人がランディングページを訪れるようになり、買い取り率も上がり買い取り1件当たりにかかるコストを抑えることができました。

広告代理店を替えてみた結果、査定をしたい人だけを取っていく路線に変更してトンネルから抜け出すことができたという事例です。

プロモーションはブランディングと分けて考える

ランディングページやバナー広告といった制作物は、ウェブでのプロモーションに使うのが目的ですから、いかにお客さんを取るかを第一に考えて制作しなければなりません。デザインがきれいでも、プロモーションの効果があるとは限りません。マーケティングの観点からは、それよりも見た人が商品に引きつけられるようなキャッチコピーを考えることの方が重要だったりします。

ブランディングを目的とした大手企業のコーポレートサイトであれば、そのページで商品を宣伝して売上を伸ばそうとしているわけではないので、デザイン重視でもかまいません。

しかし中小企業の多くはブランディングまで手を広げる余裕はなく、それよりもまず売上につながるようなウェブマーケティングを考えなければなりません。

ですからサイトを制作するにあたっては、ものを売るという目的をまずはっきりさせておくべきです。

ところがコーポレートサイトを広告のリンク先として、売上を伸ばそうとする会社が意外と多いのです。

デザインを重視してイメージだけを植え付けるものと、売上につながるアクションを起こしてもらおうとするものでは、作り方が違います。会社のブランディングが目的で作った商品のキャッチコピーもないページで、注文を取ろうとしても無理があります。

コーポレートサイトとプロモーション用のサイトの両方に予算がかけられないという事情も、分からなくはありません。しかしちゃんと反響が取れる運用をしようとするなら、プロモーションの受け皿はやはりランディングページ1枚だけでも作っておくべきです。

かっこいいデザインにこだわり過ぎてしまう

中小企業のコーポレートサイトでも、昔作ったままだったり、社内で制作した手作り感が残るものだったりすると、ちゃんとした制作会社にデザイン重視で作り直してもらうのがいいということになります。たとえば歯科医院のサイトなら、マーケティングを意識しなくても清潔で明るいイメージになるだけで集客にもプラスになります。

ただし、サイトがスタイリッシュでかっこよくてもお客が集まるわけではありません。プロモーション用の制作物は、一見ゴチャゴチャしたチラシみたいで見栄えはよくなくても、その方が広告としては効果があるということもあり得ます。正直、プロモーションの話をしているのにあまりデザインのことは言わないでほしいと思うこともあります。

ウェブでの通販を検討していたある会社から、こんなふうにしてほしいと海外のおしゃれなサイトを見せられました。しかしどう見ていいのか分かりにくく、通販サイトとしては操作も複雑です。サイトを作ってどんどん売りたいとは言っていますが、頭の中は格好のいいサイト作りの方に行ってしまっています。

売るためのページと、イメージを優先するページは別ものです。その海外のサイトのイメージのままおしゃれな通販サイトを作っても、お客が来ない、ものが売れないでは、制作費が無駄になります。

ブランディングとプロモーションは両立しませんと助言をしないでそのまま作る制作会社が世の中にはたくさんあります。そのためにイメージ戦略なのかプロモーションなのかどっちつかずのサイトが、ウェブ上には溢れています。

サイトは料理を盛るお皿のようなものです。料理が美味しくても、盛るお皿がミスマッチだと美味しさの最大値を引き出せません。広告の運用に自信があり、上手であったとしても、サイトが目的から外れていたりクオリティが低ければ反響の最大値は得られません。逆にサイトのクオリティが高くても、目的を間違えてとらえて広告を運用してしまうと、これもまた最大値は得られません。

ただクライアントが「売れるウェブサイト」のディレクションをするのはなかなか難しいので、〝売れるウェブサイト〟を作れる制作会社をパートナーとして選ぶのがよいでしょう。

とりあえずサイトは作ったが……という会社

ウェブサイトは用意したけれど、何をしたらいいのか分からないという会社が、実は結構あります。プロモーションのことは考えなかったがウェブに手を出してしまったという、おかしなことになっています。

普通は事業の方向性をまず定めて、そのためにどんなプロモーションをするか考え、そしてこのターゲットを狙うと決めてからサイトの制作に入ります。その順番が逆になっているのです。

「サイトはこういうのがあるんですが、どうしたらいいかちょっと考えられないんで」

「うちの会社はどういうプロモーションをしたらいいのか、第三者の目で見てアドバイスをいただけますか」

自分の会社は一体何をしたらいいでしょうと聞いているようなもので、よくそこまで丸投げできるものだと、ある意味感心してしまいます。

こんなウェブ事業の担当者に任せている経営者にも問題ありです。もし経営者自身がこんなことを言っているようでは、自分の会社の経営を真剣に考えていないのが丸分かりです。経営戦略を立てていない、プロモーションも考えていない。ウェブマーケティングをやる意味を考えていない。これではもうカモにしてくださいと言っているようなものです。

ウェブマーケティングというよりも、経営コンサルティングが必要な会社といえます。

マーケティングを任せられる人材は簡単には見つからない

もしかして、リスティング広告はここ、SEOはSEO専業の会社、制作会社はまた別の会社といったように、ばらばらに発注していませんか。

こんなふうに個別に発注していると、A社の話をB社に伝えて、B社の数字をA社とC社に伝えるといった連携作業をクライアントがしなければなりません。それだけでもかなり面倒なことになります。

さらに第1章で指摘したように、本来は単品営業に乗るべきではありません。各社が自分の売りたいものを売り込んでくるだけで、クライアントにとって何をするのがベストかまで配慮していないからです。ＳＥＯ専業会社はＳＥＯのことしか分からず、リスティング広告を担当する会社はそのノウハウしかないのですから、全体を見てどんな組み合わせにしたらいいかを相談できる相手ではありません。

広告代理店なら、リスティングも制作も任せられて一社で済むからいいように思えます。確かに広告の配信も制作も窓口はひとつにまとまるかもしれませんが、広告代理店も内部で分業したり外注したりしていますから、広告プロモーション全般をハンドリングできる人はなかなかいないのが実態です。

大手企業にはマーケティング部門に専門家がいて、どういう媒体に広告を出すか、ウェブ広告と紙媒体やテレビ広告をどう絡めていくかから商品パッケージ制作に至るまでを総合プロデュースします。あるいは大手広告代理店がその役目を担います。

しかし中小企業の社内には、それができるプロのマーケターはまずいません。研究開発や生産のプロはいても、商品を売ったり世に広める方法を考えることができるだけのスキルと経験を持ったプロがいないのです。

では高い報酬を用意してでもプロのマーケターを入れて販売活動の軸に据えるべきでしょ

うか。しかしそういう人は、大手企業の中にいるか、独立してコンサルタントをしています。

それほどの力があるわけではない中途半端な人を雇ってしまって、うまくいかないで困っている会社を見ることはあります。高い費用を掛けてヘッドハントをしてそれなりの給料を払っているが、今に至るまでこれといった成果を出していない。でも雇ってしまったからクビにするわけにもいかないので困っている。これなら彼の給料を広告の予算に回せばよかったと、ある会社の社長はこぼしていました。

このように社内に招き入れるよりは、外部に求める方がリスクはありません。能力に疑問符がついたら、お付き合いを止めればいいのです。

世の中にマーケティングのプロがまったくいないわけではありません。そういう人が見つかったら、絶対に放さずにパートナーとして長く付き合っていくつもりでアンテナを高く張っておけば、きっと見つかるはずです。

第4章

結果を出せない会社は3カ月で切れ！
費用対効果を正しく見極めるウェブマーケティングの基礎知識

ウェブマーケティングの手法にはこんなものがある

効果のないウェブマーケティングになってしまう原因を知るために、発注元が抱える問題点も検証してきました。そこから脱却するには、発注する側にもウェブマーケティングで使われる手法についてのリテラシー、つまり知識と活用できる力がそれなりに求められてきます。

これまでさまざまなウェブマーケティングの手法が登場し、業界に広まってきました。バナー広告やSEO、リスティング広告などから始まり、ディスプレイネットワーク広告が広まり、比較的新しいところではDSP、SNSなどがあります。

ある程度のリテラシーがあれば、ウェブマーケティング会社を相手にするときに、その知識のレベルや技術力、提案力が見えてきます。問題のある会社とは知らずに発注してしまうようなことにはならないでしょう。

ウェブマーケティングのツールとして早い時期から使われているのが、SEO、リスティング広告、アフィリエイト広告、バナー広告といった第一世代です。

SEOと、そのすぐ後に出てきたリスティング広告によって、ウェブ検索をプロモーションに利用する動きが一気に加速しました。

アフィリエイト広告は、商品が売れた数など成果に応じて広告料金を払えばいいので、広告料金が無駄になるリスクがありません。一方で広告を掲載するサイトを運営しているブロガーなどにとっては、新たな収入源のひとつになりました。

バナー広告は、たとえばヤフーのこのページの枠に1週間とか1カ月という期間限定でバナーを出します。そのバナーをクリックすると、広告主が集客したいサイトに飛びます。

10年ほど前までは、これらの第一世代の手法が主に使われていました。

その次にバナー広告を発展させたような形で、第二世代となるネットワーク系が出てきました。アドネットワークやディスプレイネットワークと呼ばれ、アドネットワーク事業者に出稿するとそのアドネットワーク事業者が提供する複数の媒体にまとめて広告を出稿することができます。

それまでのバナー広告は掲載料金がかなり高く、ヤフーなどの知名度がある媒体には大手企業ぐらいしか出せませんでした。しかしアドネットワークは少額でも知名度のある媒体に広告が出せます。しかも自分でいちいちサイトを探さなくても、アドネットワーク事業者がいろいろな媒体の枠に配信してくれます。このようにウェブならではの特長を生かしているのがネットワーク系の強みです。

広告枠を持つ媒体の所有者も、アドネットワーク事業者に枠を提供すれば小口のお客さんを集めてローテーションしながら空き枠を埋めてくれます。出稿する方も媒体側も便利だということで、今ではウェブ広告の主流になっています。

このネットワーク系の進化版がＤＳＰで、ＳＮＳとともに比較的新しい第三世代となっています。また動画広告や、記事に広告の要素を織り込んだネイティブ広告も新たな市場を形成するようになりました。

SEOは手間もコストもかかる

ＳＥＯは、前にも述べたように、サイト内にテキストを増やすというやり方が主流となっています。ＳＥＯ会社か、場合によってはクライアント企業がサイトの内容にふさわしいテキストを制作し、サイトにアップしてコンテンツを充実させていきます。

しかしいくらコンテンツが充実していても、あるところで掲載順位がなかなか上がらなくなります。すると次は、外部の良質なサイトからのリンクを増やしていきます。

ＳＥＯでは自社サイトの中にテキストを入れていくのを内部対策、外部のサイトからリンクを張るのを外部対策といいます。その両方をやっていくことによって、掲載順位が上がることが期待できます。

どんなサイトが外部リンクに適しているかといえば、たとえば化粧品会社ならシミやシワの対策を紹介するようなハウツーサイトなどがあります。ただ単純にそこを訪問しただけでも見る価値があるようなクオリティがないと、優良サイトからリンクを張っていることになりません。

このようなサイトはサテライトサイトと呼ばれたり、自社サイトのほかに企業が所有している媒体であることからオウンドメディアともいいます。

またコンテンツの質を高めることでマーケティングにつなげるやり方を、コンテンツマーケティングということもあります。

サイトを継続して更新しないと、検索エンジンからは動きのないサイトと見なされて順位が上がらなくなる理由のひとつになります。ですからオウンドメディアと呼ばれるサイトも、自社サイトと同様にテキストを増やし続ける作業が必要です。複数のサイトのコンテンツを作り込むのは大変なので、ここまで来るとたいていはSEO会社に頼むことになります。オウンドメディアをいくつも持ち、定期的に更新している大手企業だと、このようにして検索の掲載順位を維持するだけで毎月何百万円もかけています。

これまでSEOがウェブマーケティングで重要な位置を占めてきたことに、疑いの余地はありません。しかしネットで検索をする時間は以前と比べてどんどん短くなっています。ニュースサイトやキュレーションサイト、ブログ、SNSなどに費やす時間の方が圧倒的に長く、フェイスブックの投稿や広告などからも情報が得られるようになっています。それだけ世の中に溢れる情報が増えて、検索しなくても手に入るともいえます。

そうなると、ほかにもプロモーションの手段がたくさんある中でどこまでSEOに予算を割くのかは判断するのが難しいところです。

リスティング広告ではキーワードに注意

リスティング広告は、グーグルの検索画面に配信する「グーグル広告」と、ヤフーの「ヤフー広告」が二大勢力となっています。検索した人が広告をクリックするごとに広告料金がかかります。クリック単価は入札で決まり、多くの人たちが検索に使うようないわゆるビッグワードになるほど単価が上がります。

当然ながら、広告が出るキーワードの選択が運用のポイントになります。運用スキルがない広告代理店の場合、関係性の薄いキーワードで検索された際に広告が掲載され、無駄にクリック料金を垂れ流していたりします。そこは広告代理店に任せっきりではなく、設定の前にキーワード候補のリストをもらって確認しておかないといけません。

また、リスティング広告のキーワード設定には、完全一致、フレーズ一致、部分一致、絞り込み部分一致という4つのタイプがあります。

完全一致は、設定したキーワードとまったく同じように入力した場合のみ広告を配信します。露出量は少なくなりますが、ターゲットをピンポイントでキャッチしやすくなります。

フレーズ一致では、設定したキーワードの前後に別のワードが入っている場合も含めて配信します。たとえば「美容室　原宿」というキーワードを設定したとすると、「安い　美容室　原宿」や「美容室　原宿　駅近」とユーザーが検索したときにも広告が出ます。

絞り込み部分一致とは、次に説明する部分一致を絞り込んだものです。たとえば「＋ハワイ　＋旅行」とキーワードを設定すると、「ハワイ」「旅行」の両方を含む検索をしたときに広告が表示されます。検索されたキーワードの順番は問いません。設定したキーワードが検索語句に含まれていなければ広告が表示されないので、運用したい意図から外れたところに広告が出てしまうおそれが少ないといえます。使い勝手がよいので、ここ最近多用されるようになっています。

4つのうちで最も扱い方が難しいのが部分一致です。これは設定したキーワードとひとつでも重なる言葉があると広告が掲載されてしまう可能性があります。「マンション　リフォーム」というキーワード設定だと、「マンション販売」や「戸建リフォーム」といったキーワードで検索した時にも広告が掲載される可能性があるので、本来の目的から外れた人にも次々と広告が配信されて、コンバージョンにつながらないクリックが増えて料金がかさんでしまいます。

このキーワードで検索したときには広告を出さないようにするという除外設定もできます。ただ除外するキーワードがどんどん増えていくので、設定の手間が大変です。

ほとんどの広告代理店は、放っておくと部分一致でキーワードを設定します。広告コストが増えれば増えるほど、それだけ自分たちの手数料も増えます。しかしクライアントにとってはマイナスになります。

ただ、広告を出す範囲を広くとるために、あえて部分一致で設定するケースもなくはありません。ですから「キーワードは部分一致で設定していませんよね？」と一度聞いてみるといいでしょう。もし使っていたら「理由はなぜですか」「それで費用対効果が合うんですか？」と尋ねましょう。

そこまで突っ込んで追及されるとは想定していなくて、あわててしまう広告代理店の担当者もなかにはでてくるでしょう。

ポイント系サイトのアフィリエイト広告は使い方に注意

アフィリエイト広告は成果報酬型のウェブ広告です。広告を掲載するサイトの運営者はアフィリエイターと呼ばれ、その多くは個人ブロガーなどの草の根アフィリエイターや、ポイントサービスのサイトを運営する法人でしたが、最近は自らの考えをサイトで発信することが第一目的の草の根アフィリエイターは減ってきて、代わりに成果報酬を得るためにサイトを運営してアフィリエイト広告を集める事業者が増えています。このほかにもＡＳＰ（アフィリエイト・サービス・プロバイダ）や運用代行会社などの会社が介在しているので、広告を掲載するしくみはやや複雑になっています。

例えば、有名ブロガーのブログでは、ブログ内で商品を紹介し、その商品のバナー広告をクリックすると購入できるようになっています。ブログを見に来る人は、そのブロガーのことを信頼している人が多いので、効率的に購入につながることが期待できます。

ただ、草の根アフィリエイターのサイトにそれほど多く訪問者があるとは限りません。アフィリエイト広告もすぐに結果が出るのではなく、バナー広告を掲載してくれるアフィリエイターサイトが増えるにつれて徐々に成果が表れるのが普通です。

一方で法人系のポイントサイトは集客力があるので、始めた日にいきなり何百件もコンバージョンなどの成果があって対応が追いつかなくなることもあります。例えば、無料サンプルを請求すればポイントがもらえて後で現金に換えられるしくみなので、ポイントだけが目当てのクリックが多いことは否めません。何十万円もの成果報酬を払った割にはなかなか販売にまでつながらないこともよくあります。ポイントサイトで無料サンプルの提供を告知して、短期間で問い合わせは集まったけれども、１０００個配ってても購買につながるのはわずかで成果報酬を払わされただけで終わりという場合が多いのです。

ただ大手のポイント系のサイトも使い方しだいで、試してみる価値はあります。たとえば商品を認知させるだけでもいいという場合は、相当な人数がサイトを訪れていて即効性があるので短期間のうちに認知度を高めることはできるかもしれません。

ネットワーク系配信サービスはグーグルとヤフーが中心

ネットワーク系広告配信サービスのディスプレイネットワークとアドネットワークは、基本的には中身は同じです。配信したいターゲットのセグメントを設定し、広告用のバナーを入稿すれば予算に応じて出稿先を決めてくれます。

ネット広告をさまざまな媒体の枠に出すというこのサービスが始まった頃は、アドネットワークという名称で呼ばれていました。会社も数多くあったのですが、グーグルとヤフーが本格的にネットワークの強みを生かしてこの分野に参入すると、しだいにこの2社に絞られてきました。結局グーグルディスプレイネットワーク（GDN）と、ヤフーディスプレイアドネットワーク（YDN）の2つが主流となったことから、ディスプレイネットワークという呼び方が一般的になったのです。

現在はこのGDNとYDNでウェブ上のユーザーの8割以上にはリーチ（アプローチ）できるポテンシャルがあります。ですから普通はこの2つを押さえておけば問題ありません。予算に余裕があれば、ほかのアドネットワークを利用してもよいでしょう。

なおアドネットワークやディスプレイネットワークの発展形としてＤＳＰというものがあります。これについては少し後で説明します。

セグメント設定をしないと無駄なクリック課金が増える

ディスプレイネットワークを運用するにあたっては、セグメント設定がポイントとなります。広告を見せたいターゲットの性別、年齢、居住エリアなどが選べるようになっています。ところが出稿時に、セグメントを切らないで全ターゲットに出してしまうという、信じられないようなことをしている広告代理店などが少なくありません。すると二十代から三十代の女性限定であることが明らかな商品の広告が、年配の人や男性が見るサイトにまで掲載され、無駄なクリックを増やす原因になってしまいます。

ディスプレイネットワークを実施したが結果が悪くて止めてしまったという企業も結構多いのですが、その大半は広告代理店がセグメントの設定を間違えていたり、設定自体をさぼっていたためです。

グーグルが運営するＧＤＮはこのセグメント設定がかなり細かくできるので、お母さん向けの商品は女性で子供ありの人だけにするとか、年齢が特定できないユーザーには出さないといったこともできます。

それを丹念に選んで設定していくと、目に見えてコンバージョン率が上がります。なにもしなければクリック課金が増えても結果につながらないので、運用スキルがない広告代理店にはディスプレイネットワークを依頼しないようにしなければなりません。

広告枠ではなく人をターゲットにするＤＳＰ

ＤＳＰは、単純な広告枠単位の配信ではなく、興味・関心を持っている人単位での広告配信ができます。

例えば、富裕層はこういうサイトを見ているだろうと想定しても、なかには意外にもアメーバブログにもよく立ち寄るという人がいるかもしれません。一口に富裕層と言ってもいろんな人がいますから、あくまで広告の掲載先を特定して配信するのではなく、人（例えば富裕層）をターゲットとして配信するのがＤＳＰの特徴です。

その元となるデータは、ネット上からも得られます。ウェブサイトでアンケートや会員登録をすると性別、年齢、居住地、職業、年収、趣味などを記入することが多いのですが、それを特定の個人情報ではなく一般的なデータとして処理し、どんな属性の人が何に興味を持つかという傾向を調べます。このような分析結果がＤＳＰの広告配信には使われています。

インプレッション課金で失敗すると広告料金が跳ね上がる

ディスプレイネットワーク広告では訪問者がクリックをすると課金が発生するクリック課金がほとんどですが、ＤＳＰでは多くの場合、インプレッション課金といって広告が表示されただけで料金が発生するしくみになっています。ターゲットに合わせた絞り込みができているので、表示された時点で料金が発生するという考え方です。

クリック課金であれば、あちこちに広告を出しておいてもクリックされた分だけ払えばいいのですが、ＤＳＰはクリックされなくても広告表示しただけで課金されます。ですから費用対効果が下がらないようにセグメントを細かく切っておくことが、ディスプレイネットワーク広告よりも重要になってきます。

インプレッション課金では、下手な運用をするとすぐ広告料金が跳ね上がってしまいます。セグメントの切り方が甘いと表示されてもクリックされません。そのために多くのクライアントが、ＤＳＰは費用がかかるだけで効果がないという印象を持ってしまっています。

しかしセグメントを切ってターゲットを絞り込んであれば、狙った層の人に届くのでちゃんとクリックしてくれます。

ターゲティングの精度を上げるには、そのターゲットが例えば、どんな職業で、どのくらいの年収か、仮説を立ててみることです。富裕層の中でもこんな仕事をして、これくらい稼いでいる人だろうと想定し、それに合わせて細かく設定をすると精度が上がります。もちろん仮説がすべて当たるわけではないので、うまくいかなければもう一度仮説を立て直して再び挑戦します。

できるだけ細かくセグメントを切る

　ターゲットがこういう人たちだろうという仮説を立てるには、そのために情報収集をする必要もあります。

　セグメント設定では、配信エリアを細かく切り分けることができます。しかし東京都に住んでいる人にネット広告を出す場合、ほとんどの広告代理店は「東京都」という当たり前のエリア設定しかしていません。

　私はセグメント設定をするときには、東京都の中でも細かくエリア別に設定します。公共団体や調査会社などが出している調査報告書を見ると、東京23区別の世帯年収ランキングなどが載っています。するとそれをもとに高所得者や資産家が一番多いのはここ、その次はこのエリアと推測できます。

　そのデータをもとに、たとえば高級マンションを販売するなら港区、世田谷区、目黒区、中央区、千代田区というホットエリアだけに配信します。それ以外の地域は、クリックがあってもほとんど成果につながらないので広告が表示されないようにしてしまいます。このようにピンポイントの配信をすると無駄がなくなり、質の高いプロモーションになっていきます。

私はお台場にショールームを持つ高級家具の販売店で来場案内の告知をしたときに、エリアの絞り込みをしました。ベッドやダイニングセット一式で20万~30万円という商品がメインなので、やはり高所得者がターゲットになります。以前はエリアを限定していなかったため、お台場へは交通の便が悪くてとても来そうもない人もクリックしていました。

そこで購買につながらないと想定したエリアは避け、一方では過去の来場データも参考にしながら配信エリアを決めました。具体的には港区、江東区、品川区、隣の千葉県で平均所得が高い浦安市、クルマのアクセスがいい川崎市や横浜市などです。細かくセグメントを切って配信設定したことで、費用対効果が改善され、効率良く来場者を集めることができました。

ディスプレイネットワーク広告もＤＳＰも、うまく運用すれば、むしろコストを抑えることができます。ただその分、セグメントを切るなどの手間がかかります。そこまでやってもらえる広告代理店であればいいのですが、細かくセグメントして欲しいと頼むといやな顔をするところだと、良い結果は得られないでしょう。

スマホのアプリへのディスプレイネットワーク広告は気をつけろ

ディスプレイネットワーク広告で無駄な課金に気をつけなければならないのが、スマートフォンのアプリを使っているときに出てくる広告です。ＧＤＮでは、アプリを操作しているときにバナー広告が出せるのですが、そのつもりがなくてもスクロール中にうっかりバナーに指が触れただけで広告のサイトに飛んでしまいます。それに伴ってワンクリックがカウントされてしまいます。しかし意思に反して知らないサイトに飛んでしまうのですから、コンバージョンにつながるとはとても思えません。

どんどんクリック課金される一方で、アプリの利用者も煩わしい思いをするだけです。ほとんどの広告主は、知らないうちにこのようなアプリのクリック料金を払わされています。しかしそれに伴ってグーグルと広告枠をグーグルに提供しているアプリ開発会社にはお金が入ってきます。

この事実が月次レポートに記載されていることはまずありません。報告すれば中身を説明しなければならず、それを聞けば広告主は「すぐ止めてくれ」と言うに違いないからです。

アプリにバナー広告を出さないようにすることは、管理画面で設定できます。管理画面をよく見ると、アプリでのクリック数と課金額が出ています。ただ一般企業の出稿主が表示されているところにまでたどり着くのは難しく、またどれがアプリのクリックについての表示かも分かりません。

もし広告代理店が管理画面を見せなくても、少なくとも「広告の配信先を見せてほしい」と言ってリストを請求するか、「アプリに出る広告はやっていないよね」という確認だけはしておいてください（アプリのプロモーションなどの例外は除く）。

ランディングページの制作費をケチってはいけない

ネット広告の運用はきめ細かく戦略的に行わないとなかなか効果が出ないことを、理解していただけたでしょうか。

ところで広告の運用と同じぐらい、あるいはそれ以上にウェブマーケティングの成否を分けるのがランディングページです。見込みユーザーに広告を経由してランディングページまで来てもらっても、その内容がプロモーションの戦略に合っていなかったり、出来がよくなければコンバージョンの獲得には至りません。

ところがその大切なランディングページを「無料で制作します」という会社があります。このような業者の甘言に乗ってはいけません。冷静に考えれば、ランディングページを無料で作っていたら制作会社は経営が成り立つはずがありません。ましてやプロモーションの目的に沿った一定水準以上のクオリティに達しているランディングページづくりは手間がかかります。きちんとしたウェブマーケティングの会社であれば、それなりの対価をいただいてクライアントに納得してもらえる仕事をします。無料でやるのは、そうしないと依頼してもらえない会社ですと言っているようなものです。

こういう業者は必死にこれでもかってくらい自社の広告を出しています。結局はクライアントが満足できずに離れていくので、次々と新規開拓をしなければならないためです。その分、非常に目につくことが多いのですが、大事なウェブマーケティングの運用やランディングページの制作をそんな会社に任せるべきではありません。

同じ理由で、低価格でランディングページだけを作りますという制作会社も要注意です。こういうところは量をこなさなければ収益が確保できないので、やっつけ仕事をしていることが容易に想像できます。広告の運用戦略を踏まえたページづくりはとても期待できないでしょう。

ランディングページの制作は、ネット広告の運用を任せる会社に頼むのが原則です。ページ制作と広告運用を別の会社に発注する必要がある場合は、広告運用の経験やノウハウがある制作会社を選ぶことをお勧めします。２つの会社の間でしっかりと情報を共有するパートナーシップが構築できれば、当初の目的を達成できる可能性は十分にあります。

“広告っぽくない”コンテンツで誘導するマーケティング

広告に対しては「どうせいいことしか言ってないんだろう」と斜めに見る心理が働きます。ネット広告も同じで、サイトを見ている途中で広告が紛れ込むとうざったいと感じてしまいます。ＳＮＳで広告を非表示にしている利用者も多いでしょう。

そこでネットユーザーにとって有益だったり興味を引くような情報を提供するコンテンツを制作し、その記事ページに呼び込んでから商品の購入や問い合わせの申し込みにつなげる手法を取るケースが増えてきました。このようなマーケティング施策は「コンテンツマーケティング」の一種といえます。企業が自社運営のブログやウェブマガジンのようなオウンドメディアを持つのも、コンテンツマーケティングの一種といえます。

前にＳＥＯの話をしたときに、検索結果の上位に持っていくためにサイトのコンテンツを充実させる手段があることを説明しました。この目的でコンテンツを充実させてサイトを運営するケースもあります。ただし、ＳＥＯに固執し過ぎて、コンテンツ制作に追われてしまうと、ユーザーにとってはそれほど有益ではないコンテンツが増えてしまうため、本末転倒となってしまいますので、注意が必要です。

コンテンツを充実させたいという需要に応えて、テキストライティングを専門に行う会社も増えています。ただ問題はそのテキストコンテンツの質です。ネット上でライターを募集し、いわゆるクラウドソーシングでコンテンツを制作しているケースでは、不特定多数に仕事を依頼しています。

低価格でテキストコンテンツ制作を引き受ける会社は、ライターの力量を問わず、なおかつ安い報酬で文章を書かせたりしているはずです。すると読んでもつまらないコンテンツが無駄に増えていくだけです。

コンテンツマーケティングはそれまで自社に興味がなかったネットユーザーの関心を引き、囲い込むのに有効な手段のひとつですが、肝心のコンテンツの質が保たれているかどうかに気をつけなければなりません。

ピーアールと思わせない「ネイティブ広告」が増えている

〝広告っぽさ〟を薄める手法として、やはりここ1、2年で増えてきたのが「ネイティブ広告」です。サイトの中に広告をうまく溶け込ませているといってもいいでしょう。

ネイティブ広告は、ポータルサイトやニュースサイトに、お勧め記事のような形で入っています。例えばヤフーニュースのサイトには、インフィード広告と呼ばれるものがあります。

各種ニュースサイトやキュレーションサイトにも記事の下にレコメンドウィジェット広告があり、いずれもほかの関連記事へのバナーやリンクと違和感なく埋め込まれています。ＳＮＳでは一般的な投稿と一緒に表示される広告がこれにあたります。

そのバナーやリンクをクリックすると次のページに飛びますが、そこもまたすぐに広告と分かるようなランディングページにはなっていません。「なんだ、結局広告か」と思われたら、すぐに離脱してしまうからです。多くは読み物中心の記事ページで、読み進めるうちに自然と広告主が目的とするテーマに興味が湧き、広告のランディングページに来てもらうという流れを想定しています。

最初の記事ページは、よく見ればピーアールであることが分かるとは思いますが、読んでも損はないように配慮したコンテンツで、途中からクライアントに関連する話題となります。これまであったネット集客手法よりは遠回りに見えるかもしれませんが、ランディングページまで来た読者はかなり関心があるのでコンバージョン率が高くなることが期待できます。呼び込むことが難しかった潜在ユーザーにもプロモーションをかけることができるので、顕在ユーザーへのプロモーションが頭打ちとなっている広告主がここ最近よく使う手法となっております。

SNSによるマーケティング——フェイスブックとツイッター、インスタグラム

SNSと呼ばれるソーシャルメディアは、スマートフォンの普及とともにここ数年で一気に世の中に浸透しました。

ウェブマーケティングの一環として、これをプロモーションに活用できるのではないかと考える企業は多いのですが、SNSはコミュニティの場という利用者の意識が強いので、あからさまに分かる広告にはかえって反感を持つおそれがあります。

そのため関連ニュースやコラムなどを配信することで会社に興味を持ってもらい、商品やサービスの認知にもつながればいいというぐらいのスタンスで手がけるのがよいとされてきました。これまでのプロモーションには反応しなくなっている消費者に向けて、変化球で攻めるようなものです。広告のように直接的な反響はないにしても、情報が拡散されれば話題

づくりに貢献し、やがて売上アップにつながるという二次的な効果を期待することができます。

ＳＮＳの代表的なものとしては、フェイスブック、ツイッター、インスタグラムが挙げられます。

キャンペーンをやるときや、なにか新しいことを始めるときには、ＳＮＳでの告知が有効です。そのなかでもツイッターは即効性があり、若年層に強いのが特長です。

文字数が限られるので、商品についてあまり理解しなくても「これ、今流行ってるみたい」という程度の短いメッセージで拡散できる場合に有効です。

フェイスブックは文字量が多く使えるので、内容を読ませてじわじわと攻めるプロモーションに向きます。それに対してツイッターは短期間で一気に情報が拡散される爆発力があります。またほかのＳＮＳよりも若者の利用者の比率が高く、たとえばスマホのアプリをツイッターで広告配信したり、情報発信するといきなりアプリのダウンロードが急増したりします。

当社が手がけた例では、ある人気キャラクターのカレンダーが初めて作られて発売になるという情報をツイッターで広告配信したところ、女性ファンからものすごい反響がありました。

急成長してきたインスタグラム

ここ1、2年でインスタグラムの利用者が急激に増えております。海外の有名人がインスタグラムで折に触れてスナップショットをアップするようになり、ツイッターだけでなくインスタグラムのフォロアー数も注目されているようです。

フェイスブックで「いいね！」を集めやすいのは、画像の投稿です。テキストをアップしても読むのにそれなりに時間がかかりますが、画像は見てすぐに反応できます。そこで画像に特化してよりシンプルに使えるようにしたのがインスタグラムです。撮影してアップするだけなので簡単に発信できます。

インスタグラムの発表によると、日本国内で２０１６年１２月に１６００万人だった利用者が２０１９年６月には３３００万人と2倍以上になっています。後藤ブランドへの問い合わせもインスタグラム広告の相談が多くなり、フェイスブック広告と逆転しました。特に若年層の十代や二十代、また三十代から四十代前半までに向けたプロモーションには欠かせなくなっています。画像だけでなく動画もアップでき、視覚的な訴求力がＳＮＳの中でも際立っています。

インスタグラム広告には、フィード広告やストーリーズ広告などがあります。フィード広告はタイムライン上にユーザー投稿と同じような形式で掲載されるので、広告の色が薄いのが特徴です。一方ストーリーズ広告はスマホの画面いっぱいに表示されるので、目に付きやすいのがメリットです。

ネットユーザーに人気があり大きな影響力を持つインフルエンサーに、インスタグラムを使ってプロモーションに協力してもらうという手法も定着してきました。ただし忘れてならないのは、この場合インフルエンサーに「＃ＰＲ」のハッシュタグを付けて投稿してもらうことです。ピーアールであることが分からないと、インフルエンサーの無償のお勧めのようになるので、ステルスマーケティング（広告だと分からない宣伝行為をすること）、いわゆる「ステマ」と見られてしまいます。いったんステマ騒動が起きると大炎上し、広告主の会社自体が著しく評価を落としてしまうので細心の注意を払わなければなりません。

ラインは顧客との関係づくりに利用する

ラインは、マーケティングツールとしてはフェイスブックやツイッター、インスタグラムとまた違った特徴があります。

例えばお店を訪れたお客さんに会社への友達申請をしてもらい、ラインで定期的に情報を発信していくといった使い方ができます。これまでのメールマガジンに代わる媒体になりつつあるともいえます。

すぐにプロモーション効果が得られなくても、緩い感じでなんとなくつながりを保つことができ、メールマガジンよりも確実に情報を閲覧してもらえます。プロモーションというよりは、顧客との関係づくりに役立つととらえる方がよいでしょう。

またラインを使ってオンラインで送られた画像を買取の査定に使うこともできます。メールで査定結果を返していたら2、3日放置されてしまうかもしれませんが、ラインだと通常はすぐにリアクションが得られます。

ラインで顧客とこうした関係を維持するには、友達申請で会員になった後も店や企業のアカウントに繰り返しやってきてもらう工夫が必要です。例えばオリジナルのラインスタンプやクーポン券がもらえるという特典を送るといったやり方が考えられます。

ソーシャルも片手間では効果が出ない

SNSのさまざまな使い方を見てきましたが、ビジネスに利用しているのはまだ大手企業が中心という段階です。中堅や中小クラスの会社だと、フェイスブックやツイッター、インスタグラムのアカウントは取ってあるがそのままになっているというところが多いのではないでしょうか。

SNSをうまく使いたいと思っているという声もよく聞くのですが、いざ情報を発信し始めようとすると、社内にやれる人がいない、手間がかかるので時間が割けないといった壁にぶつかります。それでは社外に頼むかといえば、今度は費用がかかるからと躊躇してなかなか前に進みません。

うちの会社の規模でそんなことまでしなくてもと言う社長さんもいますが、ＳＮＳはかなり少額のコストで始められるウェブマーケティングの手法です。ネットの世界は動きが速いので、中小企業も最新のトレンドに乗ってなるべく早く始めて、そのメリットを生かしてほしいと思います。

ＳＮＳは広告掲載するだけでなく、自社アカウントで各種情報を拡散するなど、さまざまな活用法があります。

後藤ブランドでは採用にフェイスブックを利用して成果を上げています。フェイスブックで社員紹介や社内行事、クライアントの紹介をはじめとする各種情報を発信し、それを見て関心を持った人が応募するので、ミスマッチが少ない採用になっています。よい人材に多く来てもらえて定着率も向上しています。インスタグラムでまた違った形での情報発信をしていく予定です。

一般消費者向けのプロモーションには、ＳＮＳは必須といえます。若者には圧倒的にインスタグラムが支持されています。企業向けだとフェイスブックが、ユーザーの年齢層が比較的高いので向いているかもしれません。

いずれにしても中途半端にやってみるというのではなく、それなりの心構えを持って取り組むことが求められます。更新を怠ったり、魅力のない内容ではかえってマイナスの印象を与えます。ブランドイメージづくりの上でも、よく練られたコンテンツを繰り返し発信していく必要があります。自社でそうしたコンテンツづくりや頻繁な更新をするのが大変なら、外部の運用会社に任せるのもひとつの方法です。

メールマガジンはSNSに押されて読まれなくなっているが

今のようにＳＮＳが隆盛になる前は、顧客との関係構築や告知のためにメールマガジンが使われてきました。しかしビジネスメールを別にすれば、電子メールを使う機会自体が減っています。携帯メールはラインなどのＳＮＳに置き換わり、メールチェックさえしない人が増えています。

ですからせっかく一生懸命文章を書いてメールマガジンを配信しても、なかなか読んでもらえなくなっています。殊に若い人を相手にする場合は、手間がかかるわりにほとんど効果は期待できません。

ただそのことを理解した上で、ケースバイケースでメールマガジンを利用するのも悪くはありません。例えば五十代から六十代以上の世代に対しては、メール広告も今なお有効です。ＳＮＳに馴染みがなく、ラインはちょっとどうも……といった層がターゲットであれば、ひとつのアプローチ手段として検討するとよいでしょう。

メルマガを読んでもらえないなら、ラインのアカウントを通じてユーザーに伝えるというのがここ１、２年の傾向です。ビジネスユース向けの「ＬＩＮＥ＠」といった新しい機能でユーザーに定期的に情報発信ができるようになり、予約受付にも使われています。メルマガ会員獲得の目的は顧客の囲い込みですが、ＬＩＮＥ＠で一般のラインユーザーに情報発信し、見込み客を集めて顧客化していくのが若い人向けには特に有効な手段となっていきそうです。

動画広告も利用しやすくなっている

ここで動画を使うプロモーションについても触れておきます。

以前は動画広告といえばユーチューブを連想しましたが、さまざまなメディアで動画が利用できるようになりました。フェイスブックやインスタグラムで広告の素材として動画が入稿できますし、ヤフーやグーグルのリスティング広告もバナーを静止画でなく動画にすることが可能です。

動画は静止画よりもユーザーの目をとらえやすく、クリック率が高くなる傾向があります。それに動きがある分情報量が多く、伝えられる内容が増えます。特にビジュアルで雰囲気を伝えたいファッション、ウェディング、旅行などの分野に向いています。テキストや写真では説明がしにくい料理のしかたやそれに伴う調理器具の使い方を流すなど、動画があると便利さが一目瞭然の商品もあります。住宅リフォームではビフォーアフターを見せることができます。

動画の制作会社も増えていますが、広告でどう運用するかがよく分からずに、ただ作っているところが多いようです。そのせいか当社には動画制作会社からプロモーションのしかたについて相談が数多く寄せられるようになっています。

動画リリースのサービスも出てきました。「ＮｅｗｓＴＶ」というビデオリリース配信サービスは、プレスリリースを動画で提供していて、動画制作にテレビディレクターが関わり、配信までワンストップでサービスしています。第三者によるニュース動画の配信の形になるので、広告色の薄いピーアール手法として注目されています。

動画を活用したプロモーションは、これからますます発展していきそうな勢いで期待が持てます。

サイトへのアクセス状況が分かる「グーグルアナリティクス」

ここまでさまざまなウェブ広告の種類やＳＮＳについて解説してきましたが、ユーザーがどのようにウェブサイトにアクセスして中を見ているかを解析するツールもあります。

その代表がグーグルアナリティクスです。登録すれば無料で利用でき、機能は充実しています。

ウェブ広告の管理画面は、広告代理店などの会社がアカウントを所有してクライアントに開放していない場合は見ることができません。しかしアクセス解析ツールは、クライアントが自分でアカウントを設定して見たいサイトを自由に見ることができます。

一般企業のユーザーが使いこなすのは簡単ではありませんが、ある程度の使い方を知っておくだけでも便利です。時々チェックして、ウェブマーケティングの会社に「これってどういうことなの？」と質問してプレッシャーをかけるだけでも効果があります。

グーグルアナリティクスの使い方については、有料でセミナーが開催されていて、解説本も出ています。ところが業界の人間でも、面倒くさがってあまり勉強しようとしません。広告代理店の担当者に「グーグルアナリティクスで解析している？」と聞くと「いや、見る時間がないので……」という答えが返ってくることが多いはずです。

アクセス解析ツールをサイトの見直しにぜひ活用したい

グーグルアナリティクスのような解析ツールから得られる数字は、仮説を立ててサイトの構成や内容、広告の運用を改善していくための材料となります。本来なら広告代理店などウェブマーケティング会社にとっては宝の山のようなものです。

グーグルアナリティクスで私がよく見るのは、まずサイトの滞在時間です。訪問者が1回入ってからどのぐらいそのサイトに滞在しているかを示し、画面では「平均セッション時間」と表示されます。1セッション当たりの平均ページビュー（1回サイトに入って何ページ見ているか）、直帰率（入ってすぐ出ていってしまうユーザーの比率）も重要な情報です。来た人がページをどれだけ見て回っているか、すぐに出て行く人が多いか少ないかがこれで分かります。

さらにページ別に、どのページで離脱してしまうかを見ていきます。トップページで多くの人が離れてしまっていたら、まずそこから直さなければなりません。中のページに問題があるときは、そのページを修正するとともに回遊してもらうように導線を見直し、サイトを改善できるようにします。

訪問者の男女比や年齢構成から、想定しているターゲット層がそのサイト内にどれくらいの時間滞在しているか、どれくらいのページを閲覧しているかどうかも分析できます。

「うちのプロモーションのターゲットは男性客だ」というように、先入観が強いクライアントがよくいます。ところがアクセス解析ツールで見ると、滞在時間が長いのはむしろ女性という結果が出ることが往々にしてあります。すると購買時に決定権を持っているのは実は奥さんではないかという仮説が成り立ちます。そこから女性に発信するページを増やして女性向けページを新たに作るといったように、コンバージョン率を高める施策が見えてきます。

別のクライアントでユーザーの年齢構成を調べた結果、シニア層はよく見ているが若者はサイトからすぐ離れてしまっていることが分かりました。本来年齢層に関係なく利用してほしいサービスなので、このままでは若い層を取りこぼす可能性が大といえます。どのターゲットにもまんべんなく受けがよいサイトを作るのは難しいので、取りこぼしを減らすために若い人目線のコンテンツを充実させたサイトを新設することになりました。

年齢層別、あるいは男女別など、ターゲットに合わせたサイトが増えていくと、今度は全体の入り口のサイトを作ってそこから各サイトに誘導することも検討していいでしょう。それぞれのターゲットに合ったページに行くので、離脱率が下がり、滞在時間が長くなって問い合わせや商品購入につながる率が上がっていくことが期待できます。

現状を改善する施策を行ったら、その前後の数字を比較することで、今度はその施策の効果が検証できます。

そしてさらに、ターゲット設定の見直しやプロモーション戦略の変更に踏み込むこともできます。

もっとも同じ数字を見ていても仮説が立てられずに、ああ、女性が思ったより滞在しているな、で止まっていると、せっかくのデータもただの数字で終わってしまいます。重要なのは、データを分析していかに仮説を立てられるかです。

もっと危ないのは、出てきた数字を見て間違った分析をして、適切な施策がとれなかった場合です。前よりもかえって訪問客を逃すサイトになってしまっては困ります。

ですからクライアント企業が自分でサイトをいじるのではなく、外部のウェブマーケティング会社に任せるのがよいでしょう。

もちろん担当者が「アクセス解析ツールを見る時間がなくて……」と言っているような会社には頼めません。普段からアクセス解析ツールを利用しているか、その数字をもとに提案をしているかを、契約の前に確かめておくことが必要です。ただ、そんな会社はなかなか見つからないかもしれません。

ランディングページの解析にはヒートマップツールを使う

ウェブ広告の受け皿として、上下スクロールだけで全体が見られる一枚もののランディングページを作ることがよくあります。予算の関係で最低限のページしか作れないとか、まず手始めに様子を見たいといった場合に向いています。

ランディングページは1ページだけしかないので、ページ間の遷移がなく、見終わればそこからほかのサイトに行くので、直帰率を見てもあまり意味がありません。もちろん閲覧ページ数も、グーグルアナリティクスだと1ページとしか出てきません。

通常のアクセス解析ツールは、このようなランディングページを解析するには向いていません。そこでヒートマップツールというものを使います。訪問者がページのどこを見ているか、どこまでスクロールしてから離脱したかなどが分かるもので、価格は高くても数万円程度なので、ウェブマーケティングにかける費用としては高くはありません。

ランディングページでの移動パターンは、一度下まで全部見てからまた戻って見直したり、少しずつおりていくなどさまざまです。ヒートマップツールは、こうしたマウスの動きを録画して保存します。後から見て、ここでボタンをクリックしたとか、ここからここまで一気にスクロールしたといった動きが、1ユーザーごとに分かります。よく見られているところは赤くなり、見られていないところは青く表示されるので、その差も一目瞭然です。またどのタイミングでページを出て行っているかは、閲覧したピクセル数で表示されます。離脱時の平均ピクセル数も、何ピクセル見たところで20%が離脱し、さらに何ピクセル閲覧していくと離脱率は30%に上がるといった具合に出されます。

これらの結果を見ていくと、ランディングページの中でこのコンテンツはほとんどの人が飛ばしているから省いて入れ替えるとか、よく見られている下の方のコンテンツを上に持って行って早めに見せようと、ページを修正できます。

見る人の気持ちをつかむはずと思っていたキャッチコピーが意外に見られていなくて、別のフレーズの一帯が赤くなっていることもあります。するとそのよく見られているフレーズの方をメイン扱いした方がよいのかもしれません。このようにキャッチの練り直しや掲載位置の変更も検討していきます。

またランディングページには、途中で何カ所か問い合わせをするためのボタンを用意するのが普通ですが、どの位置にあるボタンをクリックしている人が多いかも分かります。下の方のボタンよりも、途中のボタンで問い合わせに進むユーザーが多いようであれば、そのボタンから先のコンテンツはあまり必要がないのかもしれません。

よくランディングページを読んでいて、なかなか終わりにならず、まだ続くのか、長いな、と思うことが多いのではないでしょうか。それも、ヒートマップツールの表示を分析することで、そうした無駄に長いランディングページにならずに済むでしょう。

実際にランディングページを作って集客してみることで、初めてこうした検証ができるようになります。アクセス解析ツールやヒートマップツールのように実際のサイト内の人の動きをチェックできる手段を使って効果測定をして、検証し、軌道修正をするＰＤＣＡ（プラン・ドゥー・チェック・アクション）のサイクルを回すことが大切です。

ヒートマップツールを検証すると、どんなキャッチフレーズがうまくはまっているか、訪問者がよく読んでいるコンテンツはどれか、ページの最適な長さが分かってきます。すると、なんとなくこうだろうではなく、ロジカルな判断をもとにした修正ができ、そのノウハウを蓄積していくことで別のウェブページを制作するにあたっても前回までの経験が生きてきます。その結果、少なくとも箸にも棒にもかからないようなページになってしまうことは避けられるのではないでしょうか。

世の中にはここで紹介したような解析ツールがせっかくあるのですから、ぜひ活用してください。クライアントが自ら使いこなすのは大変だとしても、その扱いに慣れているパートナーを見つけて結果の解析を任せることができます。

自社のサイトの何が悪いのか分からないままだと、どうもうまくいかないからパートナーを切り替えて、やっぱりダメで次を探すという泥沼にはまります。グーグルアナリティクスとヒートマップツールの存在を知っていれば、コンバージョンが伸びずに制作費だけが出て行くという泥沼から抜け出すことができるでしょう。

一括サイトの落とし穴

引越や中古車買取など同じ業界の会社のサービスをまとめて紹介するサイトを、テレビCMでも見たことがあるかと思います。実際に利用した方も多いでしょう。まとめて見積もりを取ったり資料請求ができるサイトもあります。

このような「一括サイト」は、情報を載せている会社から広告料を受け取っています。情報を載せた会社にとってはネット広告なので、ウェブマーケティングの一種ということになります。

サイトのユーザーにとっては多くの情報が一カ所のサイトで見られるので便利に思えます。しかしこうしたサイトに広告料を払って掲載登録するのは、まったくお勧めできません。私自身、以前使ってみてすぐにやめてしまいました。その顛末は次の通りです。

そこはB2Bの企業ユーザー向け紹介サイトで、後藤ブランドは「広告・マーケティング」のカテゴリーで何十社のうちの一社として掲載されました。ユーザーからの問い合わせがあると掲載されている各社にその情報が流れるので、問い合わせをしたユーザーには突然何社からも電話がかかってきます。その相手をするだけで大変で、こちらから連絡をしてもなかなかつながらず、ときには対応が面倒だという答えが返ってきました。アポイントメントがまったく取れなくても、サイト運営業者からは1件何万円の情報提供料を請求されます。紹介されたユーザーが増えると料金は何十万円にもなり、費用がかさむだけでピーアール効果はほぼゼロなのですぐに解約しました。

資料請求サイトも同じことで、問い合わせをするとたくさんの会社から資料が送られてきます。ほかに仕事を抱えている中でそれに目を通す暇もなく、電話がかかってきてもその会社の資料がどれなのかさえ分からなくなるほどです。

このように一括サイトは反響数は多いのですが、有効な問い合わせが得られず、ユーザーも対応が面倒になり、儲かるのはサイト運営事業者だけという構図です。

見かけだけの資料請求や問い合わせにだまされない

いっときは一括サイトにとりあえず載せておくのが当たり前といった風潮もありましたが、

さすがにここに来て効果がないことが分かったのか、サイト離れの現象が起きています。顕著なのが住宅販売などの不動産業界で、大手の不動産会社が大量出稿を停止するのが目立ちます。当社のクライアントも次々に掲載を取り止めています。

それでもなくならないのは、一括サイトが多額の広告費をかけて集客をし、反響を獲得しているからです。一括サイトに掲載してさえいれば、反響は獲得できると思って、自社で顧客を獲得しようとしない会社がたくさんあります。言い換えれば、楽をして結果を出そうとしています。しかし広告主側の顧客獲得につながらないのは、当社の例で見た通りです。

実際には数多くの中の一社として掲載されるので埋もれてしまい、掲載のしかたもフォーマット化されているので、違いがよく分かりません。価格だけの競争になりがちで、肝心の自社の商品やサービスの特長はなかなか伝わりません。

大量に来ている問い合わせや資料請求がなくなってしまうのが不安で、なかなか掲載を止めることはできません。しかし思い切って打ち切ることで、極めて効率が悪いのにコストはかかるという悪循環から抜け出せます。営業担当が成果の出ない電話をかけ続けたり、大量の資料を作っては発送するのを繰り返して疲弊することもなくなります。そのコストや労力を自前で集客するプロモーションに振り向ければ、前向きなビジネスのスタイルに転換することができるのです。

消費者向けの一括サイトも広告効果は疑問

B2Bの一括サイトの問題点を指摘しましたが、B2Cの消費者向けビジネスでも広告を出稿する側のメリットはあまりないといえます。

よくあるのが飲食店の評価サイト、クーポンが使えるお店の紹介サイト、ランキングサイトです。

飲食店の評価サイトは、点数が低くてもおいしいところもあれば、高くても「?」という目に遭うこともあり、あまりあてにならないと多くの人が感じているのではないでしょうか。しかしその点数につい左右されてしまいます。高級店や味に自信のある店は、他の店と一緒にされたくないために、初めから掲載を敬遠するケースもあるようです。

クーポンサイトで多いのは飲食店、美容室やエステサロンです。このサイトのユーザーはクーポン目当てなので、往々にしてクーポンが使える初回の1回切りの利用で終わります。次はまた別の店でとクーポン巡りをしているので、固定客にはなってくれません。これではクーポンを発行して自腹を切った店の側が損をするだけです。

繰り返しますが、プロモーションの一環として一括サイトを使っても質の悪い反響しか得られません。その手間とコストをまっとうなウェブマーケティングの方に振り向けた方が、効果が出る可能性がはるかに高いことを強調しておきます。

第5章

ウェブの知識がなくても見破れる！
素人集団の化けの皮をはがすチェックポイント

質問攻めにしてダメな会社を撃退する

ウェブマーケティングは、パートナーとなる広告代理店や制作会社、SEO会社によって成果が出せるか否かが大きく分かれます。何も知らずにダメなところと付き合ってしまった会社の人からは、「あそこはひどかったね」という話をよく聞きます。

適当に作成したレポートを出してくるだけでほぼ放置。見えないところで無駄な費用が出ていくような会社に引っかかるのは、言われるがままに契約書にサインしてしまうからです。営業に来た会社には、こちらが質問攻めにするぐらいでなければなりません。サインをするのは納得してからでいいのですから、あわてる必要はまったくありません。

すでに契約している会社についても同じで、疑問を感じたらそのままにしておいてはいけません。質問を重ねていくにつれてどんどんボロが出てきて、「こんなところに任せていたのか」とがっかりしてしまうかもしれませんが、少なくともそこで時間とお金の浪費をストップすることはできます。

ただ、質問をしたくても何を聞いていいか分からないかもしれません。今では当社のクライアントになっているある会社では、リスティング広告の管理画面が見られるものだと思っていませんでした。ウェブ広告には管理画面があること自体を知らないクライアントも結構あるのかもしれません。

もちろん管理画面の存在を知らなければ「管理画面を見せてもらえますか」と聞くことはできません。アカウントについても同様で、黙っていると広告代理店のアカウントにされてしまうことが多いのですが、そのことを知っていれば、「アカウントは私たちが持つんですよね？」と事前に確認できます。ノーと言われたら、その会社とは契約しなければいいだけのことです。

私は、お付き合いをしているクライアントには、「こういうことを聞いてみるといいですよ」という質問のツボをいくつか伝えています。

業界にいる人間でも知識や経験が浅い人はたくさんいます。それはちょっと質問をするだけでも分かります。

「もうなんかモゴモゴしちゃって、すぐに化けの皮がはがれたよ」と愉快そうに報告してくれるクライアントもいます。オレオレ詐欺みたいなもので、手口を知っていれば騙されなくて済むのです。

そこで、読者のみなさんがウェブマーケティングの会社の営業と相対したときに、こんなことを聞いてみてほしいという質問を用意しました。いくつか尋ねてみて、きちんとした答えが返ってくれば、真面目にクライアントの利益を考えてくれる会社だと考えてもいいでしょう。

契約してはいけないウェブマーケティング会社は、営業が来たときに見極めてお断りしましょう。今の会社もダメなところなら切る覚悟が必要です。ダラダラと付き合いを続けてもいいことはなにもありません。

まずは3つの基本チェックで試してみる

ウェブマーケティング会社の営業担当が来たときに、チェックしておきたいポイントはいくつもあります。頼りないところだと、次の3つを聞いてみただけでまごまごし始めます。

これがクリアできないようなら、すぐにお引き取り願うことです。

①ウェブマーケティング全般の知識・経験があるか（広告・ＳＥＯ・制作・解析など）
②自分の会社を担当する人の業界歴は何年ぐらいか（担当者のキャリアの確認）
③この業界のプロモーションに携わったことがあるか（業界の経験の確認）

最初に聞くのは「ウェブマーケティング全般の知識・経験」、つまりそのウェブマーケティング会社や担当者が今までにどんな仕事をしてきたかです。

「うちはウェブマーケティングに強い広告代理店です」という会社の担当でも、よく聞いてみると「制作に関わったことはないんです」とか「ＳＥＯのことはよく分かりません」と言い出したりします。「ディスプレイネットワーク広告なら任せてください」と言われても、それしか分からないという会社や担当者がウェブマーケティングをトータルに把握して成功に導けるとは思えません。

ただしクライアントの方でウェブマーケティングについてある程度の経験や知識があり、ネット広告の選定や運用ができる人が社内または社外にいるのであれば、制作会社やＳＥＯ

会社を必要に応じてピックアップするのはかまいません。

２つ目のポイントとなるのが、実際にウェブマーケティングを担当する人の業界歴です。少なくとも5年以上の経験がある人がついてくれればいいのですが、２、３年以下の経験しかない人だと、うまく成功に導けるだけのノウハウを持ち合わせていない可能性があります。

私はいろいろなウェブマーケティング会社の内情を見てきましたが、成果を上げてきた人はすぐに引き上げられて管理職や役員クラスになってしまい、現場にはきちんと経験を積んだ人が不足しています。たまたままだ残っている有能な人に当たればいいですが、なかなかそうもいきません。

よくクライアントから「あなたが全部やってくれるんですよね」と、念を押されることがあります。この人に頼もうと思って契約をしたら、担当についたのは経験のない若い人だったという目に遭っているからです。

契約してから先輩と新人が２人でやってきて、先輩が「今日までは私が話を聞きますが、次回からは彼が訪問します」と言われることがよくあります。「あなたがやってくれるんですよね」と聞いて、「はい」と即答せずにあいまいなことを言うようであれば、「契約する前に、実際に担当する人を連れてきてほしい」と要求しましょう。そして連れてきた人の力量を見て判断すべきです。

少なくとも、有能な人がきちんと担当者をフォローして管理してくれないと、未熟な人の手に委ねられてしまうので気をつけなければいけません。

どんな業界のプロモーションをしてきたか？

もうひとつ確かめておきたいのが、どんな業界のプロモーションを担当してきたかです。業界ごとにそれぞれ勘どころが異なるので、それを押さえた上で広告を出す媒体を選んだり、運用をすることが必要になります。広告代理店も小規模な会社だと手がけてきたクライアントの数が限られるので、業界による得意不得意があります。

そのビジネスのしくみや商慣習を把握してからやっときちんとしたプロモーションができるので、まったく知らない業界を一から始めるとなると、結果が出るまでに時間を要します。それはもちろんクライアントにとって望ましいことではありません。少なくともその業界についてある程度のことを知っている会社や担当者に任せる方が、いい結果が出やすくなります。

そこで「どんな業界の仕事をしてきましたか?」という質問を必ずしてみてください。あるいはダイレクトに「うちの業界のプロモーションをやったことはありますか」と聞いてもいいのです。やったことがなければ、「業界に関係なく対応できます」などとあいまいな返事でごまかしてくるでしょう。

「はい、あります」ということであれば、次に「どんなプロモーション戦略を立てましたか」と尋ねてみます。実際にやったことは即答できますが、やっていないことは話せません。その業種について肌感覚を持っていると、ビジネスモデルやどこにユーザーがいるかなどが頭に入っています。経験のない人は、ビジネスモデルに合わない話を始めたり、1件の反響を得るためにまったく採算が合わない数字を並べたりします。

これはいけそうだなと思ったら、さらに突っ込んで「リスティング広告なら、うちはどういうキーワードで集客をすればいいでしょう」と実際のウェブマーケティングを想定した質問をします。

「御社の業界ならこういう手法を組み合わせて、これぐらいの予算でこの程度の反響が想定されます」

これぐらいの答えが返ってくれれば、信用してもいいのではないでしょうか。あれこれ説明しなくても、業界についてある程度は共通の認識にもとづいた話ができるでしょう。

ただし細かいことを言えば、同じ不動産業界でも、富裕層向けの新築高級マンション販売、リフォームやリノベーション、一戸建て専門の工務店、賃貸アパートの仲介では、それぞれ仕事の中身もプロモーションの戦略も異なります。

ですからどんな業界のプロモーションをしてきたかに加えて、どんなジャンルの会社のどのようなプロモーションだったかまで聞いてみます。社名まで教えてもらえれば、そのプロモーションサイトを見に行ったり、どんな広告を出しているかを確かめることができます。

自分の会社と同じ業界で、業務内容も近い会社を担当した経験があるのが望ましいのですが、そこまで求めるのは難しいかもしれません。

そういう場合には「どんなターゲットの商品やサービスを扱ったことがありますか」と質問の方向を変えてみます。化粧品業界とアパレル業界では業種も業務内容も異なりますが、同じ年齢層の女性をターゲットにした集客をしていれば、そのときのプロモーションの経験はどちらにも生かせるはずです。

ただし「やったことがあります」と言うだけならいくらでも言えます。その会社のどんな広告の運用をしたのか、そしていかに集客や売上を伸ばしたか。そんなエピソードがいくつか聞ければ、この人が実際にやってきたことなのだろうという判断材料になります。

この3つのポイントに加えて、質問事項ではありませんが、会社のネームバリューに惑わされてはいけません。これで失敗した例はたくさんあります。CMをよくやっているとか名前をよく聞くというのは、会社の実態とはまったく関係ありません。それよりも営業にやって来た人をよく見る方が、よほど間違いのない判断ができます。

また、うちはマージンが安いのでお得ですと営業をかけてきたら、その時点でノーと思ってかまいません。効果的な運用をしようとすれば、安いマージンではどうしても無理があります。これは自分たちの能力に自信がない会社にありがちなキャッチフレーズなのです。

広告代理店の制作能力をさぐる質問をする

広告代理店からウェブマーケティングの営業に来たときには、効果的なプロモーションにつながるようなサイトが制作できるかどうかを確かめておきましょう。実際に手がけたウェブページを聞いて、見てみるだけでなく、「あなたの会社の制作部門はどういう態勢ですか」といった質問を投げてみます。

「制作部門の専任の担当が営業と常に連携しています」という答えが返ってくれば、事案に合わせたクリエイティブができる態勢になっている会社と考えてよいでしょう。しかし部門がばらばらに動いていてディレクター不在の広告代理店もあります。「クリエイティブは別部門でやっています」という言い方をしてくるところは、社内に制作部門があっても他部門との連携が薄いか、社外に丸投げしていて融通が利かないおそれが大です。営業担当が制作のディレクションをした経験がなかったり、そもそも制作の実績がない会社は、基本的にはお付き合いしない方が無難です。

その会社のクリエイティブの能力を見るには「当社のサイトを見て、変えた方がいいところがありますか」「どうすればもっと反響が取れるようになりますか」という質問も有効です。すぐに複数のアドバイスを提示して、言っている内容が的外れでなければ、おそらくディレクションをした経験のある人です。しかし「サイトのことはよく分からないので……」といった頼りない返事しかなければ、その会社も頼りないに違いありません。

このほかに、契約前にチェックしておきたいポイントをまとめておきます。

まず「広告サービスの管理画面は見られますか」と忘れずに聞いておきます。クライアントに管理画面を見せず情報を共有しないところは、裏で何をされるか分かりませんから、契約をしてはいけません。

「リスティング広告では、キーワードは部分一致ばかりで運用していませんか」

「ディスプレイネットワーク広告では、どれぐらい細かくセグメントを切っていますか」

この本をここまで読んでいれば、こうした質問もできます。ずいぶん細かいことを聞いてくると相手は思うかもしれませんが、多くの広告代理店がこのへんをおざなりにしています。

ディスプレイネットワーク広告では、グーグルでスマホのアプリに出稿していないかも聞いておきます。出稿するとほぼ無駄な出費になってしまいます。「このクライアントはアプリに出したらまずいな」とまず思わせておくためにも、意味のある問いかけになります。

すでに契約している会社も遠慮せずに追及する

ウェブマーケティングの会社にとってよりハードルが高いのが、グーグルアナリティクスのようなアクセス解析ツールに関する質問です。そもそもアクセス解析ツールを見ていなかったり、解析できる人が社内にいないことも結構あります。

ですからグーグルアナリティクスを見る能力があるか、見た上で何が言えるかを質問して、どの程度のスキルがある会社なのかを判断します。

「グーグルアナリティクスの見方は知っていますか、解析はしていますか」

「うちはグーグルアナリティクスを導入しようと思っています。分からないところがあれば教えてもらえますか」

こう聞いて、「私はそれほど詳しくないので別の担当を連れてまいります」といった返答をしたら、その営業担当のレベルは低いと思ってください。

すでにウェブマーケティングを任せている会社にも、同じ質問をしてみましょう。運用を担当している人のレベルが分かります。グーグルアナリティクスの機能をすらすら教えてくれれば、普段から使っていることが分かります。もっとも日頃から解析にもとづいたサイトの改善案を出してくれているのであれば、改めて聞く必要はないでしょう。

さらにヒートマップツールを使ったランディングページ分析となると、そこまでやっている会社はなかなかないのではないでしょうか。

それでも、とにかくいろいろ質問して「これは手を抜けないな」と思わせることが大事です。

担当者が質問にいつもまともな返事ができないでいると、「あの社員に任せておくのはまずい」と危機感を抱いて、その上司やベテランの社員が頻繁に顔を出すようになるかもしれません。それまでそんな社員をあてがっていたのはどういうことかと文句を言いたくなりますが、能力のある人間を引っ張り出すことができれば、クライアントにとっては前進です。そう考えてこれからに期待するか、愛想が尽きてほかの会社にチェンジするか。それは状況に応じて判断すればよいでしょう。

手抜きのレポートにはどんどん注文をつける

ウェブマーケティング会社の営業担当に、「レポートは出してもらえるのですか？」と聞く人は多いと思いますが、内容までは尋ねずに契約するケースがほとんどです。「どういう内容のレポートを出してくれるのですか」とぜひ聞いてみてください。おそらく見本を渡してくれるはずです。

自分たちがウェブマーケティングを始めてまだ日が浅いと、レポートをどう見たらいいか分からないかもしれません。それでも見本があれば、どんなものかを知ることはできます。

明らかに固定のフォーマットに項目と数字を並べただけで、見ただけでは内容が分かりにくい月次レポートを出す会社が多いので、「もっと分かりやすくはできませんか」「顧客に合わせてカスタマイズはしないのですか」と質問してみるといいかもしれません。ただし「できます」と答える会社はおそらく少数です。「検討します」ならまだいい方で、「うちの形式なので変えられません」と平気で言うところが珍しくありません。

こんな会社と契約をすると、結局は後でいろいろ注文を付けたくなります。「これとこれがよく分からないから、もっと資料を出したり詳しく報告してほしい」と、どんどん言うべきです。言わなければ相手は動きません。

具体的に言うと、リスティング広告ならキーワードごとのクリック数を集計しただけの場合がほとんどです。配信の時間別、曜日別、地域別、デバイス別（ＰＣ、スマホ、タブレット）のデータも出してもらいましょう。

ディスプレイネットワーク広告であれば、配信先リストを提出させて、まずスマホのアプリに広告を出していないかチェックします。もちろんどの媒体でクリックされているか、それがコンバージョンまでつながっているかは重要なポイントです。

そんなレポートが出せない、聞いてみても言えないというのであれば、広告代理店の担当が数字を見ていないか、数字が悪くて隠しているかのどちらかです。「なぜ数字を出さないのか」と追及してください。

こういう会社は「工数がかかるのでできません」という言い訳をよくします。しかしクライアントのために工数をかけるのは当たり前のことです。工数がかかるからやらないというのは、面倒だからやりたくないと言っているようなものです。もともときちんと仕事をやる習慣がなく、やれと言われてもできる人間がいない会社なのかもしれません。

一方、信用するに足る会社が出す月次レポートは、まず文章で資料のどこをどう見たらいいか分かるように説明してあります。情報量も多く、曜日別、地域別、時間別、デバイス別（PC、スマホ、タブレット）など細かく集計されています。その数字をもとに、次に何をするとよいかという提案もあります。それも根拠となるデータを細かく分析しているので、この時間帯にピンポイントで出すとか、逆にこの時間帯は取れないから止めるというように、きめ細かな提案があります。クライアントはそれを見て、これはやってもらう、これはまだやめておこうと、すぐに判断ができます。

情報量が多いのは、分析や提案の元となった数字を文書に証拠として残しておくという意味もあります。ですから、表やグラフがたくさんあるレポートは信頼性が高いといえます。

ただ情報をしっかりまとめただけのレポートでは完璧なレポートとは言えません。そのレポートを分析、考察して、今後の施策を提示出来ていなければ、意味がありません。

なおグーグルアナリティクスなどを使ったアクセス解析の結果については、レポートを出すのに別途費用を請求する会社があります。といっても結局は元の画面から数字を写しただけで、そこから何を読み取るかという肝心の解析が抜けていたりします。

数字を羅列しただけのものは、レポートとは言えません。見るべきポイントを抽出して次の施策の提案をすることが、ウェブマーケティングの会社がすべき仕事です。数字だけしか載っていないレポートで料金を請求されたら、分析もしないでなぜ金を取るのかと注文を付けましょう。

レポートは月次で送られてくるのが一般的ですが、広告予算が１００万円を超えたら１週間ごとか、あるいは毎日の動きを報告してもらうことを検討してもいいと私は思います。前日の結果を集計したエクセルデータと簡単な分析をデイリーでメールで送ってもらえばいいのです。

少額の予算でそこまで求めるのは酷ですが、毎月１００万円単位の広告費を投じているのなら、手厚く面倒を見るようお願いしてもいいでしょう。

ウェブディレクターとしての資質を見極め、ダメな会社を淘汰する方法

最後に、発注している会社同士が鉢合わせする会議を意図的に設けて、誰がディレクションの能力を持っているかを見極める方法を紹介しておきます。

これまでも述べてきたように、広告（プロモーション）と制作（クリエイティブ）はもともと切っても切れない関係にあります。ですから両方ともなるべく同じところに依頼するのが、ウェブマーケティングを成功させる秘訣です。

しかしながら、すでにウェブマーケティングを始めている会社の多くは、広告の運用は広告代理店に任せて、クリエイティブは制作会社が手がけている、というように発注先が分かれているのではないでしょうか。しかもＳＥＯはまた別の会社がやっていて、リスティング広告もディスプレイネットワーク広告も別々で、さらにそこにコンサルティング会社も関わってきて……となると、クライアントがウェブマーケティングの全体をまとめていくのは

至難の業です。

　こんな状態になると、往々にして方向性がずれたまま進んでうまくいかなくなり、発注先の会社が別のところに責任を押しつけ始めたりします。

　そこで問題がこじれる前に、発注先すべてに集まってもらいます。「成果が出ない」「どのような次の手を打てばいいか分からない」など、その時点で抱えている悩みごとを相談するという名目で、１回打ち合わせをしたいと各社に呼びかけます。

　通常は個別に打ち合わせをするので、ウェブマーケティングに関わっているメンバーが一堂に会する機会は、なかなかありません。もしその場をうまく仕切れる人物が現れれば、ウェブディレクターとして全体のまとめ役になってもらえばよいのです。しかし誰からもよい提案がなく、仕切る人も出てこなければ、リーダーとなる人物を別途探さないとまず成果を上げることは難しいでしょう。

　もしかすると、その場でけなし合いが始まるかもしれませんが、それでもかまいません。どのような展開になったにしても、クライアントとしては冷静に観察して、淘汰した方がいい会社がどこなのかを見極めましょう。

そういう場でちゃんと話ができる自信がない会社は、集まるから一度来てほしいと声をかけた時点で、「それ、しないとだめですか」と逃げ腰になります。するとその時点で、ここはダメだなとチェックを入れることもできます。

【チェックポイント】

ウェブマーケティングの新規パートナー選び、既存パートナー見極めのチェックポイントをまとめました。ぜひ活用してください。

●新規パートナー選びチェックポイント

□ウェブマーケティング全般の知識・経験があるか？

※限られた分野の仕事（ＳＥＯだけ、リスティング広告だけ……）しか知らない会社・担当者は相手にしない

□担当者は5年以上ウェブマーケティング業界で働いていた経験があるか？

□自社が属する業界のプロモーションに携わったことがあるか？

□どのようなターゲット層の商品・サービスのウェブマーケティングに関わってきたか？

□レポートの内容は？　どこまで細かく出せるのか？　提出の頻度は？

□広告のアカウントはどこに帰属するのか？（自社なのか、広告代理店なのか）

□広告の管理画面を見せてもらえるのか？
□グーグルアナリティクスを解析できる人は社内にいるのか？
□「数字の分析　→　仮説を立てる　→　現状の改善案を提案する」という一連の流れに対応できるのか？
□これまでの成功事例は？
□誰が運用・制作するのか？
□（仕事ができそうな営業担当に）契約後もあなたが責任を持って担当するのか？

●既存パートナーの見極めチェックポイント

□広告のアカウントを見せてもらえるか？
□リスティング広告ではどんなキーワードを運用しているか？
□キーワード設定には、部分一致を使っているか？　使っているとしたら、その理由は？
□ディスプレイネットワーク広告の配信先ごとの結果を見せてもらえるか？
□細かくセグメントを切って広告配信しているか？（年齢・性別・エリア等々）

□グーグルディスプレイネットワーク（GDN）でスマートフォンのアプリに広告配信していないか？　配信しているとしたら、結果はどうか？

□グーグルアナリティクスなどを共有すれば、アクセス解析もしてもらえるか？

□レポートの内容をもっと詳しく出せるか？　また、レポートの回数を増やせないか？

□成果が出ていない場合、その打開策はあるのか？

【注意点】

ウェブマーケティングの新規パートナーを選ぶ、または既存パートナーを見極める際の注意点をまとめました。ぜひ活用してください。

□手数料が極端に安い、またはすぐに値引きをしてくる相手は絶対に選ばない

□単体（SEOのみ、リスティング広告のみ　等々）で営業してくる会社は避ける

□取引関係、人間関係のしがらみだけでパートナーを選ばない

□ネームバリューに惑わされない（大手代理店だからといって運用スキルが高いとは限らな

い）

□しつこく広告を出している運用会社は仕事がないので必死に営業している

□広告のアカウントを見せない会社は絶対に怪しい

□無責任にすべてをパートナーに丸投げしない

□パートナー選びは社長や経営層が相手の顔を見て品定めする。人事や採用担当など、人を見ることに慣れている社員を同席させても良い

□どんどんチェックポイントを質問して、答えに窮することがないか確かめる

□プロモーションのことを熟知していない制作会社に制作を依頼するな

□もともとＳＥＯで飯を食っていた会社に、リスティング広告を絶対に頼む価値無し

□実務能力が無いのに、口だけ挟んでくるコンサルティング会社に頼む価値無し

□クリエイティブ（制作能力）が弱い広告代理店には頼む価値無し

※プロモーション（広告）とクリエイティブは切っても切れない関係にある

□今頼んでいる会社が複数社ある場合、すべての会社の担当者を集めて一度打ち合わせをする。ディレクターができそうな仕切り役の会社が見つかれば、その会社を中心に複数社

の連携体制を作る。一方で、参加すること自体に消極的な会社は切って精査する。

●こんな発注者だけには絶対になるな

□自社の状況、データを一切明かさない
□打ち合わせも無しに、資料だけもらってそれだけで判断しようとする
□手数料などコストばかり気にする。安ければいいと思っている
□目先のことばかり追い掛け、販売拡大のための中・長期的なストーリーが描けない
□自社はこうであるはずだという思い込みが激しい
□自社の本当のターゲットや、自社の強みを把握できていない
□すべて丸投げして、人任せにして、自分は楽をしようとする

第6章

問い合わせ増で喜ぶな。ウェブマーケティングは売上を劇的にアップさせる最強の武器

センスの無い人がウェブマーケティングに関わるから売上が伸びない

ウェブマーケティングは、インターネットを利用して、それ以前にはなかったようなセールスプロモーションを可能にしました。売上を大きく伸ばし、儲からなかった企業を儲かる企業にできるだけのインパクトを持っています。

ネガティブな話ばかりしてきましたが、効果が出ないのは問題のある会社がやっているからです。要はウェブマーケティングのセンスが無い人がやるから売上が伸びないのです。長年ウェブマーケティングに力を入れている企業ほど、来る人はみんなうさん臭いといった不信感を持ってしまっています。しかし上手にウェブマーケティングを展開して事業を好転させ、売上アップに成功している企業は確実に存在しています。

例えば、ある住宅用設備の施工会社では、それまではリスティング広告を自社で運用していたのですが、ネット経由の受注は少なく、どうしたらいいかと悩んでいました。そこでウェブマーケティングの手法を見直したところ、1カ月の売上を2倍以上に増加させることができました。

設備の故障などのトラブルが起きて困ったとき、昔ならば電話帳を開いてすぐに修理や交換をしてくれるところを探しましたが、今ではネット検索で最初に目に留まった会社に連絡する場合が増えています。ですから修理系のビジネスモデルとリスティング広告とは相性がいいといえます。

そこで広告を出す地域を自社の営業エリアを中心に絞り込み、設定を細かくやり直したところ、すぐに効果が現れて、事務所の電話が鳴りっぱなしになりました。営業エリアからの問い合わせが急増したことから、リスティング広告の効果であることは明らかです。また、リスティング広告だけでなく、過去に同じようなトラブルについて検索したことがある人が見ているウェブページ上にもバナー広告を出しています。これはディスプレイネットワーク広告の配信方法のひとつです。このようにリスティング広告とディスプレイネットワーク広告の合わせ技によって受注件数も売上高も急上昇しました。

その結果、工事をする職人さんが忙しすぎて、注文が来ても行くことができなくなりました。しかたなく通常とは逆にリスティング広告の反響をいったん抑える運用をして、その間に採用活動をして社員を増やし、営業エリアも広げるなど、この成功を機に事業を拡大していくことにしました。

集客増ではなく売上増をゴールにしなければならない

次もやはり小規模な会社の例です。家具の販売代理店をしている会社がウェブサイトを新設し、販売会の集客を伸ばすことでやはり月間の売上額が跳ね上がりました。

全国各地で開催されるこの販売会は、主催するメーカーが製造する家具がずらりと展示される大規模なものです。事前に申し込んで受け取った招待状があれば、一般のお客様も無料で入場できます。会場では家具店の販売員がブースで待機し、自分のところで送った招待状を持つお客様を案内し、商品が売れればその店の売上となります。

この家具店も申し込みがあった人に招待状を送っていました。以前からあったサイトはほかの代理店が広告を運用していましたが、結果が伸び悩んでいたので告知用のサイトを新しく制作しました。リスティング広告で誘導した訪問者に販売会で展示される商品を紹介し、バナーをクリックすれば招待状を申し込めるようになっています。

それまでの販売会では招待状を送った相手のうち何割程度が来場し、商品を購入するのはそのうち何割で、1件当たりの平均購入額はいくらというデータがありました。その数字をもとに、設定した売上目標から逆算して招待状を発送する目標数を決めました。新しいサイトでの招待状の申込率は大きく伸びて、販売会が始まると会場には今までになかった多数のお客様がやってきました。その結果、売上は大幅に伸び、接客が間に合わなくなり来客数に対する成約率が下がってしまったほどです。

その後も購入者データをもとに、どの地域からの来訪者は購入率が高いかを調べ上げ、その地域では広告をほかよりも多く出すなど緻密な運用をしていき、売上高は毎月上昇しています。

通常の広告代理店だと、ウェブで問い合わせを受け付けるところまでで終わりです。これだけ申し込みがありましたと報告し、いくらかかりましたと請求したら任務完了です。でもクライアントにとってのゴールは売上です。ですから売上目標を聞いて、そのためにウェブでどれだけ集客するか、招待状は何枚送らなければならないかを考えます。さらに売上拡大に向けた最適なマーケティング活動を追求していくと、人員計画や販売戦略にも関わっていきます。ウェブの世界にこだわることなく、そこから外に出てリアルな世界にまで手を広げていくことになるのです。

なぜウェブマーケティングが武器になるのか

ＩＴと通信技術が発達したおかげで、ウェブという新しい世界が誕生しました。これまでになかったような速さで大量の情報をやりとりし、それをさまざまな角度から分析して利用することができます。

ウェブマーケティングも、その恩恵を被っています。広告を発注すればすぐにプロモーションを始めることができ、その結果もすぐに出るというスピード感は、ウェブならではの強みです。

ウェブ広告は、パソコンやスマートフォンなどを通じて想定したターゲット層にダイレクトに届きます。特にスマホユーザーの中心である十代から二十代の若年層へのプロモーションは、ウェブマーケティングなしに考えられません。

その世代よりも年齢が低い子供向けの商品やサービスは、実際の購入者となる親がターゲットとなります。一方、高年齢層はこれまでウェブマーケティングの弱点と見られてきましたが、すでに六十代はウェブを使うことに慣れている世代になっています。

あるときゴルフ関係のプロモーションをしていて、五十代、六十代の人のクリック数の比率が多く、三、四十代を上回りました。現役世代よりも時間とお金に余裕のある人が多いのかもしれません。ネットサーフィンであちこちに飛ばないのでサイトの滞在時間も長く、サイトの内容をよく見ています。

七十代より上になると、さすがにネットの利用者は少なくなりますが、ウェブマーケティングはシニア世代を含めて多くのターゲット層をカバーできるようになっています。

結果が数値化され、市場調査もできる

しかもウェブマーケティングは、どのくらいのコストをかけてどれだけの人がクリックし、そこから何件のコンバージョンにつながったかといった数値が明確に得られます。どんな人

たちが関心を持ったかも分かるので、そこから顧客分析もできます。

指標が数値で得られるのは、デジタルの大きな特徴です。それを根拠にして、どこを改善すればもっと伸びしろがあるはずだとか、こういう人にアプローチすれば売上が伸びるだろうといった仮説にもとづいて戦略を立てることができます。

結果が数値化されて出てくると、「たぶんこうだろう」という見当だけでプロモーションをしなくても済みます。ここがウェブマーケティングの一番の強みかもしれません。

紙媒体で広告を出しても、反響があるのだろう、という感覚でしかとらえられません。結果が出ているのかいないのか、客観的なデータで出せないのが弱みです。

ウェブだと、たとえば東京都の人の反響が多いという数値が明確に出てきて、必要なら東京都の中でもエリアによる違いといったより細かい情報も得られます。

つまり広告であるとともに、市場調査も兼ねているのです。

昔は市場調査をするだけでも大変で、調査会社に依頼して、ご意見・ご要望のハガキを集めたり、アンケート調査や聞き取り調査をして集計しなければなりませんでした。

それがウェブ広告を出した結果を分析すれば、市場調査も同時に簡単に行うことができ、すぐに次の対応に移れます。その結果をリアルのプロモーションや経営戦略に生かしてもよく、ウェブだけにとどまらない波及効果があります。

ウェブマーケティングは、すべてにおいて従来のマーケティングよりもスピードが速く、予算がなければ少ないコストでも行うことができ、男女はもちろん子供から年配者まで幅広い層に訴求できます。しかも情報が集めやすいという特長を持っています。

このように、優れた点が多いウェブマーケティングをやらずにいる理由を探す方が難しいほどですが、まだまだしっかりと取り組むことができず、明らかに損をしている企業が多いのが現状です。

マーケティングとは売上を伸ばすこと

では、ウェブの力を生かしてどんなマーケティングをしていけばいいのでしょうか。

マーケティングについては、商品が売れるようにすることであるとか、売れるしくみを作ることだとよく言われます。また企業名や商品の認知度を上げていくという側面も持っています。

マーケティングにはこれという明確な定義があるわけではなく、そのとらえ方にも幅があります。しかもウェブマーケティングでは、クリック数、検索結果画面の掲載順位、サイトへの集客数、コンバージョン数等々、さまざまな指標があり、どれもそれなりの意味を持っていて、これが目指すべき目標数値だとはいちがいに決められません。

しかしウェブマーケティングによって売上を伸ばすことを目指していることは、誰も否定しようとはしないでしょう。売上を伸ばすために調査分析を行い、仮説を立てて実行して、その結果をもとに再び分析を行うという一連の行為が、ウェブマーケティングの根幹をなす作業です。

今までこの層は自社のターゲットではないと思っていたが、ウェブマーケティングによって、実はここも反響があると分かれば、そこにもアプローチをして新しい市場を見つけていきます。これも売上を伸ばすためのひとつの行為です。

ですから私の会社、後藤ブランドでは、売上を伸ばすためのウェブマーケティングを実践しています。

ウェブマーケティングはウェブだけで完結しない

売上増大を追求していくと、ウェブでできることだけでは限界があります。ネットで行うマーケティング活動はもちろん重要ですが、それだけでなくリアルの世界も含めてさまざまな施策のアイデアを出し、実行に移していくことで掛け算の効果が出ます。

ネットとリアルを組み合わせた成功例として、ある住宅会社のケースを紹介します。

この会社には都内に立派なショールームがありますが、たまに人が立ち寄ってくれればいいというぐらいの位置づけでした。

それまでのウェブによる集客のゴールは資料請求でした。その中から興味を持った人が問い合わせてくれればいいという、明らかに待ちの姿勢です。

私はウェブマーケティングのクライアントとしてこの会社とお付き合いをしていたのですが、何に活かすわけでもなくただ建っているショールームがあまりにももったいないので、見学者を招いて御社の仕事のクオリティに直に触れられる場にしてはどうかと提案しました。

そこで定期的に相談会を開くことにして、ウェブページにショールーム見学と相談会予約のフォームを加えて作り直したところ、ショールームを見たいという訪問客が毎月確実に増えていきました。

資料請求による集客も、ショールームには行きたくないという人もいるので意味がないわけではありません。しかしそれだけでは、実際に見たい、会社の人と話がしたいと思っているモチベーションの高い顧客層を逃してしまいます。

ショールーム見学を始めると、そこには購買意欲が比較的高い人が集まることも分かってきました。

リアルを活かしたウェブプロモーションの提案をした結果、この会社の集客戦略は大きく変化しました。

多くのウェブマーケターは、内心売れなくてもいいと思っている

多くのウェブマーケティング会社は、クライアントから依頼のあった広告を運用したらおしまいという姿勢です。ここまで集客したのだから、言われたことはもうやった、後は売れ

ても売れなくても自分たちの責任ではないというわけです。そしてコンバージョンがこれだけあった、1件当たりのコストはいくらだったという数字が出たところで思考が停止します。クライアントの売上を伸ばして成長してもらおうと考えることなく、サイト制作費やウェブ広告の運用手数料が入ったら、もう次の営業先のことに頭が行っています。

おそらくウェブというリアルではない世界にいることに、慣れてしまっているのでしょう。

しかしクライアントは、商品やサービスを販売するリアルなユーザーと常に対面していま す。ウェブマーケターが思い描いているぼんやりとしたターゲットではなく、目の前にいるこの相手にどんな施策を打っていくのかを考えなければなりません。コンバージョンの数字だけをそこで聞かされても、それはウェブの世界の話です。数字だけポンと投げられても、それが売上を増やすリアルな施策につながらなければ意味がありません。

ウェブマーケティングの施策がうまくいった結果、急に仕事量が増えて人手が不足してしまい、受注率が下がってしまうことがよく起こります。

そこで、自分たちはウェブの集客で成果を上げたから、後はあなたが考えてくださいとクライアントに投げてしまうのと、それとも人手がないならその状況を踏まえた上でリアルな改善策を考えてくれるのと、どちらがいいでしょうか。クライアントは、当然後者のような総合的な立場で助言をしてくれるマーケターを選びたいと思うでしょう。

せっかく集客できているのだから、接客をしっかりしてお客さんを取りこぼさないようにもっと人を雇いましょう、販売員の接客スキルを上げましょう、と踏み込んでくる会社は、単なるマーケティング会社や広告代理店ではなく、攻めの経営コンサル会社でもあるといえます。経営コンサル会社というと、コストカットや人員削減、経営のスリム化など、守りの姿勢のところが多いようです。しかし、攻めのコンサル気質を持ったウェブマーケターであれば、採用だけでなく、ビジネスエリアの拡大や、戦略的に攻めるターゲット層はどこか、ということも進言してくれるはずです。

中小企業のパートナーとして、商品カタログを暗記するぐらい読み込み、実際に製品を使ったりサービスを受けてみるようなところにお願いできればいいのですが、そんなウェブマーケターを探すのはなかなか大変です。でもそこまで対応できるマーケターであれば、社長と一緒になって会社の事業をどこまで大きくできるかを真剣に考えてくれるでしょう。

ブルーオーシャンを見つけるのがマーケターの仕事

クライアントに言われた通りに広告を出し、その結果を報告するだけなら誰でもできます。この本で今まで言ってきたことの繰り返しになりますが、そんなウェブマーケティング会社が業界で幅を利かせているのが現状です。

私は、誰もやっていないことをクライアントに提案し、売上を拡大することがマーケター本来の仕事だと考えています。

誰もやっていないことを思いつけば、競争する相手がいないので独り勝ちできます。競争相手がなく、望むようにビジネスが展開できる青い海のような市場はブルーオーシャンに、血で血を洗うような過酷な競争を強いられる市場はレッドオーシャンによくたとえられます。商品のプロモーションも、やはり誰もいないブルーオーシャンでやりたいものです。

そんなプロモーションをしている、高級住宅を富裕層向けに販売している会社があります。この会社が販売するのは、何億円もするような一般の人には手が届かない邸宅です。

住宅の販売なら住宅情報誌や、住宅を紹介する雑誌に記事や広告を載せればいいのではと思うかもしれませんが、それは誰でも考えることです。しかしそこにはほかの住宅販売会社やハウスメーカーが、何百社と広告を出してくるでしょう。そんなレッドオーシャンで競争していては、どれだけリーチしたいターゲットの目に留まるでしょうか。

ではいったん住宅から離れましょう。そしてターゲットとなる富裕層の行動パターンを考えてみます。何億円もの資産を持っている人であれば、海外旅行にもたびたび行くはずです。そして飛行機はファーストクラスやビジネスクラスに乗るでしょう。そこに置いてある機内誌に高級住宅を紹介する記事や広告が載っていれば、ほかに住宅の広告が載っている可能性は少ないので、住宅情報誌などと比べると関心を持ってもらえる確率はかなり高くなります。しかも読者対象が高所得者ですから、ターゲットに合ったセグメントが自動的に行われています。

このようにターゲットとなる人の身になって想像してみることから、誰も真似できない発想が出てきます。所得はこれぐらいで、こんな職業で、どんな生活をしているか、何に関心を持っているか。さまざまな側面からターゲット像を思い浮かべます。そこから効果的なプロモーションが見えてきます。

問い合わせが何百件あっても、成約ゼロでは意味がない

住宅情報誌や住宅関連の雑誌は、住宅を建てたり買いたいと考えている幅広い層の人が見るので、年収や職業などによるセグメントがなされていません。読者の数が多いので、なかには興味本位で富裕層向けの住宅の資料請求をする人もいるでしょう。しかし実際に購入できる人はごく限られているので、もし何百件もの問い合わせがあったとしても、1件も成約につながらないということも十分にあり得ます。そうなると資料を準備して発送する手間とコストが無駄になるだけです。

ところがファーストクラスやビジネスクラスにある機内誌だと、問い合わせは数件しかなくても、はるかに高い確率で成約する人が出てくるでしょう。

プロモーションの戦略は、商品やターゲットによって変えなければいけません。購入者の数を重視するか、質を重視するかによって、幅広い層に情報を送り込んで引き上げる底引き網のような戦略と、セグメントを絞り込んで一本釣りをする戦略に分かれます。高級住宅を売る場合は、質を重視するプロモーションになります。いたずらに問い合わせが増えてもそ

こまでで終わってしまい、売上増にはほとんどつながらないからです。

クライアントはそこまで考えずに、成果につながる提案を待っています。それを提案する立場にあるのは広告代理店です。しかしほかが狙ってないブルーオーシャンを見つけて独り勝ちしようと考えるマーケターはなかなかいません。すると提案するにもネタがなく、住宅情報誌に広告を出すような、ありふれたプロモーションをして成果が出ないまま終わってしまいます。

広告代理店としては、たとえ競合他社が集まるレッドオーシャンでも、ほかと同じことをやっている方が安心なのかもしれません。しかし広告代理店の安心感のために成果が望めないプロモーションに費用をかけさせるのは、クライアントをバカにした話と言わざるを得ません。

真のウェブマーケティングは無限の可能性を秘めている

マーケティングの世界では、ブルーオーシャンを見つけ出せる人材が求められています。

もちろんウェブマーケティング業界も同じですが、それだけでなくプランナー、ディレクター、マーケターと呼ばれる職種の適任者も慢性的に不足しています。

ウェブ広告の代理店の営業担当は、大多数がクライアントの要望を聞いてそのまま広告を出すか、担当部門や外注先につなぐだけです。ウェブ制作会社にはイラストレーターやフォトショップで画像を加工するのが得意な人や、コーディングのできる人が揃っているでしょう。しかしある特定のターゲットに向けてこんなサイトにしたらいいとディレクションできる人が足りている会社はまずありません。

これはウェブマーケティング業界の大きな課題となっています。

ウェブ系の学校でも、ソフトウェアを使うスキルは教えても、ウェブマーケティングを統括する人材を育成するための授業があるという話はあまり聞きません。

そういう人材を育てた上で紹介してくれる会社があればとよく思うのですが、現実的には難しいので、私は自分でプランナーやディレクター、マーケターになるための学校を作りたいと思っています。その学校で能力を磨いた人材が、後藤ブランドで活躍してくれてもいいし、それでは飽き足らずに起業してもらってもかまいません。まだ学校を作るまでには至っていませんが、当社で3年ほど経験を積んだ社員が独立起業しました。ビジネスパートナーとして協業できることになり、新たな一歩を踏み出せてうれしい限りです。

もうひとつ考えていたのは、育てた人材をクライアントのもとに送り込むことです。こちらも現在、優秀な社員が実際にクライアントのマーケティング担当として半ば常駐しています。

後藤ブランドは、企業の成長をトータルでコンサルティングできる会社をめざしています。コンサルティングだけではなく、広告の運用代行、制作など実務まで完結するオンリーワンの存在になろうとしています。「後藤ブランド＝ウェブマーケティング」というだけでなく、自社の成功事例をもとにした採用支援なども含め、企業の成長に欠かせない存在となるよう、新規事業の展開も考えています。そこでもマーケティングの経験や知見を生かすことができます。人材業界でもウェブマーケティング業界と同様に、悪しき会社が茶番を繰り広げているようなので、「人材業界で繰り広げられている茶番」というようなタイトルの書籍を出せるくらいの実績を作り上げていきたいという意気込みを持っています。

話がそれてしまいましたが、本題に戻ると、ネット広告の手数料を取るだけの広告代理店や、ただ作っただけで終わりの制作会社、単品営業でウェブマーケティングの全体が見えていないＳＥＯ会社、口先だけで実行力のないコンサルタント会社は、早く不要な存在になって淘汰されてほしいと私は思っています。そうなれば、茶番としてのウェブマーケティングも過去のものとなるはずです。そしてカモにされてしまうクライアントがなくなり、本当のウェブマーケティングの価値が理解されるようになると考えています。

第7章

ウェブマーケティングを有効活用して売上をアップさせた成功事例

ウェブマーケティングの成功事例を知る

ウェブマーケティング業界の内幕を暴いたこの本で、さまざまな問題点を明らかにしてきました。クライアントにとって大切なのは、どうすればウェブマーケティングが成功するかです。それには実際の成功例から学ぶのが近道です。

この章では、後藤ブランドが比較的最近手がけた事例をいくつか紹介します。

【事例1】ポータルサイトへの出稿をやめた不動産会社

第4章でやるべきではないと強調した「ポータルサイト」をやめて、より多くの顧客を獲得して売上を大きく伸ばしている例です。

この会社は神奈川県にあり、地元周辺で注文住宅を建築し販売しています。住宅関連の会社がよくやるようにＣＭを大量放映している有名不動産ポータルサイトに情報を掲載し、月に数百件の資料請求がありました。しかしそこから商談につながったのは数件で、成約にまで至るケースはごく限られていました。

それでも資料請求の問い合わせがあるからと掲載を続けていたのですが、反響のわりに売上につながらずその経費もばかになりません。そこで資料請求から商談数と契約件数へと着地点を切り換えて、毎月行っている住宅見学のバスツアーにネット広告で集客することをお勧めしました。グーグルやヤフーのリスティング広告から自社のランディングページにリンクし、そこから住宅見学会への申し込みをコンバージョンとする、オーソドックスなウェブマーケティングの手法を採用しました。

見学会は定員数十名で、申し込み枠はすぐに埋まりました。とはいえ不動産ポータルサイトを完全にやめたので反響数だけ見ると数百件から数十件へと10分の1に減ってしまい、当初はかなり不安だったようです。それでもポータルサイトと違うのは、その地域で注文住宅を建てることに関心がある層が最初から集まっていることです。その結果数十名の見学者のうち半数が商談に進み、毎月数件の成約に結びつきました。

成約率が高くなり、目に見えて成果が出るので、営業担当者も張り合いが出てきたと言います。広告費は数十万円でポータルサイトにかけていたよりも減り、インスタグラムなどのSNSに予算を回しています。次は、全体の有効な反響数をこれまでの倍に増やそうと、営業部隊の増員などを計画中です。

【事例2】デパートの催事で歴代2位の売上を記録

ウェブ広告でリアルな集客に導いた例をもうひとつ紹介します。東京・新宿の有名百貨店に2週間の期間限定で出店したいわゆるポップアップショップで、その百貨店の催事で歴代2位の売上を叩き出しました。

商品は海外の高級ベビー用品ブランドです。広告宣伝予算は80万円で、800万円が目標販売額でした。それまで百貨店のネームバリューと集客力に期待して事前のセールスプロモーションはしていませんでした。しかしたまたま通りかかった人でなく、商品をめざして来てもらう人を増やさないと売上は伸びません。

依頼を受けてまず考えたのはターゲットの絞り込みです。小さい子供がいるお母さん向けで、なおかつ新宿にアクセスしやすい東京23区や沿線郊外のエリア限定でセグメントを切り、バナー広告やインスタグラム広告を出しました。

すると最初の1週間でほぼ当初の販売目標額の800万円を達成してしまいました。キッズ向け商品の有名ブランドなど高級品が並ぶフロアは閑散としているのですが、そのショップがある一角は人だかりができました。ショップに来店した人たちにアンケートをとると、ネット広告を見たのがきっかけという回答が多く、反響の大きさが確かめられました。

プロモーションを開始してから、1週間過ぎた時点で、商品の購入につながった人の傾向をクライアントにヒアリングすると、ほとんどが高収入層が多い東京23区内の方ばかりでした。そのため、残りの1週間は東京23区に限定して広告配信を行い、効率良く購入につながるユーザーの来店を促進しました。

最終的にかかった広告費は予算より少なく数十万円で済み、一方で売上は千数百万円とほぼ目標の倍になりました。関係者全員が驚くような結果となりました。

【事例3】おしゃれ雑貨通販サイトで潜在ユーザーの掘り起こしに成功

ここからはネット通販のプロモーションの例です。

ある雑貨専門サイトの売上が伸び悩んでいました。商品はハワイのものやハワイが好きな人向け限定で、サイトの運営を、ＥＣコンサルの会社に任せていらっしゃいましたが、特に広告出稿もしていなかったため、広告費をかけて、プロモーションを開始することになりました。

ハワイが好きでこのサイトを知らない潜在ユーザーに、まずはその存在を知ってもらう必要があります。ハワイ行きの航空券を探している方や、ハワイで泊まるホテルを探している方などをターゲットにしてバナー広告を大量に配信しました。するともともとハワイに興味のある方を集客しているので、徐々に商品の購入につながり、売上が上がっていきました。

ある程度成果が出たので予算を増やしてインスタグラムも始めてみると、想定以上に購入につながりました。サイトに一度来て、購入に至らなかったユーザーをインスタグラム上でリターゲティングを行ったところ、購入につながりました。さらに、サイトに一度も来たことがないハワイ関心ユーザーにも広告配信したところ、購入につながりました。ハワイ好きのユーザーとインスタグラムの相性は良さそうです。恐らく、ハワイが好きで旅行によく行かれている方は、その時の写真をインスタグラムでたくさんアップしているのでしょう。

このようなユーザーをターゲティングしやすい特徴のあるサイトでは、一度購入してくれると高い確率でリピーターになる可能性があります。サイトに来て、購入に至らない方も、リターゲティングを行うことで、のちのち購入者に転換していきます。それに従ってメルマガの登録者が増えました。これらが重なると月平均売上が伸びていき、前年同月の倍になっています。特に新製品や再入荷のお知らせをメルマガで送ると売上が跳ね上がるという現象が見られます。

このクライアントも広告予算を増やして、さらに成果を出そうとしています。

【事例4】知名度が低いアパレルの通販サイト

アパレル通販は、ショップやブランドの知名度が低いとどうしても苦戦します。打開するコツは、商品を購入してくれるのはどんな人かを可能な限り具体的にイメージすることです。逆にそこを考えてプロモーションをしなければ売れません。

そのような通販サイトのひとつで、タレントが使ったので一時人気が出たのですが、その後売上が半分近くまで落ちたところがありました。有名ブランドと似たテイストのバッグや小物などを扱い、価格はハイブランドほどではないので比較的手が届きやすいというショップです。

その有名ブランドに興味がある人たちをターゲットにすれば買ってもらえるのではないかということで、ショップの担当者と私の意見が一致しました。そこで、そのブランド名を検索した人にリスティング広告やディスプレイ広告、バナー広告を出し、ＳＮＳでも同じことをしました。これが見事にはまりました。

男性向けでは腕時計をプロ野球選手や格闘家がつけていたので、プロ野球や格闘技のファンをターゲットにしました。これも反響が大きく人気を取り戻し、売上はほぼ全盛期近くまで盛り返しました。

【事例5】富裕層向けのウェブマーケティング

旅行の予約をネットでする人は多いと思います。旅行会社も、人手もかからないので便利です。ただ誰もが使うわけではない高額なツアーになると、利用者を絞り込まなければムダが非常に増えてしまいます。

海外の高級リゾート地への1人50万円を超えるようなツアーを専門で取り扱う旅行会社があり、ＨＩＳのような広く浅く利用者を募る旅行会社と同じことをしてはうまくいかないのでここには次のような提案をしました。

この会社は都心にオフィスがあり、千代田区、港区、中央区、目黒区といった富裕層が多く住んでいる地域から訪れるのには便利な場所です。そこでこれらの地域に絞ってネット広告を出しました。

こうした高額ツアーは、メールや電話で連絡するとすぐ見積もりが出てくる類のツアーと違い、オーダーメイド色が強く、担当者と会ってプランを考えてもらうとその場で契約まで進みます。ネット広告で来店客が増加すると売上増に直結しました。

当初は少額の予算スタートですが、現在ではスタート時の二倍以上の予算となり、様々な海外リゾート地の広告配信を展開しております。

海外リゾートで一番人気はハワイなので、ハワイに行くような人に、こちらの旅行会社で扱っている海外リゾート地の良さを訴求し、関心を持ってもらえるような戦略も立てています。

こちらのクライアントからは、メインで取り扱っているリゾート地への直行便を出している航空会社を紹介してもらいました。結果として、そちらのリゾート地へ日本人観光客を集めるプロモーションを当社が一手に引き受けています。

第7章　ウェブマーケティングを有効活用して売上をアップさせた成功事例

おわりに

ウェブマーケティング業界に入ったのは２００５年、社会人になって3年目でした。

大学を出て新卒入社したのは凸版印刷株式会社で、電通とそのグループ会社の営業担当になりました。いつかは起業しようと思っていましたが、夜中に校正紙を持って印刷工場とクライアントを行き来する毎日で、社会人としてはかなり鍛えられた2年間でした。

その間も企画部門に移りたいと言い続けていましたが異動はかなわず、印刷の仕事もだいたい勝手が分かったと判断したので、退社して思い切って未経験のインターネット業界に飛び込みました。大手インターネット広告代理店の株式会社セプテーニです。この会社に転職したことが人生の中で大きな転機となりました。ここでウェブマーケティングと出合い、今の自分があります。その後独立して広告代理店の下請けをする会社を立ち上げました。

そこでは黒子としてウェブマーケティングに関わる立場から、業界の実態をつぶさに見てきました。その多くは本文で紹介した通りです。すぐやればいい結果が出せるはずなのに、広告代理店の都合で提案を延ばし延ばしにしたり、企画がボツになったことも何回あったか分かりません。

そんな負のサイクルの中に身を置きたくないという思いが強くなり、２０１４年に後藤ブランド株式会社を設立しました。下請けに丸投げしているだけの代理店を間にはさまなければ仕事ができない歯がゆさや、向こう側にいる発注元のお客様が結果を出せないでいる悔しさが、独立のバネになっています。

前からこんな業界ではダメだと思いながらも、仕事をもらっている黒子の分際では言えないことがたくさんありました。独立した身となり、ようやく内情を明らかにするこのような本が出せるようになったのです。

そしてやっと黒子から、お客様の目の前にたどり着くことができました。ですから後藤ブランドは、直接のお客様としか仕事をしないというスタンスを貫いています。

２０１６年にこの書籍を上梓して、いろいろな方から意見や感想をいただきました。ネット広告を出している方には共感していただくことができ、出してよかったと思いました。

意外だったのが同業者の反応です。「ごもっとも」「耳の痛い話ばかり」という声が少なからずあったのです。人が辞めていって部署が崩壊したという、さもありなんという話も聞きました。

さらには「うちの運用を手伝ってほしい」という同業者が次々に現れるという予想外の展開になりました。その要望に答えて2018年9月に広告代理店や制作会社の広告運用業務を後方支援する会社として、株式会社グランデッツァを設立しました。後藤ブランドの考え方を理解し、尊重していただけるパートナーと手を結び、高く評価していただいています。


ウェブマーケティング業界は、楽して儲けようとする人が多いというのが私の印象です。

ITでシステマティックにいろいろなことができるので、ウェブマーケティングって楽な商売なんじゃないかというイメージを持たれることもありますが、広告の運用やサイトの制作には関わっている人間の個性が色濃く反映されます。きちんとやってくれる人がいればいい結果が出るし、そういう人が少ない会社は、クライアントとの関係は長続きしません。

IT系、ウェブ系の仕事は、クライアントから見えないところで操作ができるので、それを利用して担当者が顔を出さない、話もしないという会社が増えてしまっています。システマティックにやるだけでも一応はごまかせるので、楽して儲けようとする姿勢を生んでしまっています。

マーケティングや広告は、もともとは人間同士のつながりがあって成り立つ業界です。大手広告代理店にはすごく優秀な営業マンがたまにいます。関係者を引きずり回すぐらいの勢いでプロジェクトを動かし、成果を出していきます。

ところがウェブの世界になると、ドライなのが格好よくて、泥臭いのはスマートじゃないという風潮があり、熱意や存在感がいまひとつ感じられません。

私もいきなりウェブ業界に入っていたら、そうなっていたかもしれません。しかしたまたま新卒で凸版印刷に入り、電通グループの関係者に厳しく鍛えられました。当時はきつかったし正直腹も立ちましたが、周りの先輩を見てもみんな泥臭くやっていました。今となってはそんな経験をしたのがよかったのかもしれません。

おかげでウェブ業界の人間なのに泥臭いという、珍しい人種になってしまいました。

クライアントの方には、後藤さんはなんだかウェブの人っぽくないですねとか、熱意がすごく伝わりました、とよく言われます。

ウェブマーケティング業界では、少しでもお金がもらえれば無理をしてもどんどん仕事を取るのが普通になっています。数で売上を立てようとするので運用は適当にして、やがて能力を超えて抱え過ぎてしまい、仕事の質が落ちてクライアントに迷惑をかけます。でも切られたらまた次を取ってくればいいという感覚です。

後藤ブランドはその逆で、新規をたくさん取るという発想はありません。どういうターゲットにアプローチするか、どの媒体を使えばそこに届くか、やり方はどうするのか。クライアントごとにすべてが異なります。

ですから、一つひとつのクライアントに合わせて、あらゆる類のノウハウを注入していきます。時間をかけ、工数をかけ、細かくセグメントを切り、レポートもていねいに作り、そこまで書くのかと他社から言われるぐらい情報を出し、運用の状況を常に伝えています。そして次の事業展開まで、一緒に考えるパートナーとして、長く深くお付き合いしていくことを目指しています。

広告、制作、そしてコンサルティングの三要素を兼ね備え、今のウェブマーケティング業界とはまったく異なる価値観を持つのが後藤ブランドです。そして後藤ブランドが成長すれば、業界の体質を変える一助になるはずだと私は信じています。

２０２０年２月吉日

後藤　晴伸

後藤　晴伸（ごとう　はるのぶ）

青山学院大学国際政治経済学部を卒業後、凸版印刷株式会社入社。電通・電通テック担当として、大手企業の紙媒体を中心とした広告制作を担当。大手インターネット広告代理店、株式会社セプテーニへ転職し、SEMコンサルタントとして数十社のリスティング広告の運用を担当。その後取締役としてウェブマーケティング会社の立ち上げに参画。孫請け、ひ孫請けとしてウェブマーケティングに携わる中、業界特有の構造への疑問が強くなり、2014年に独立し、後藤ブランド株式会社を設立。経営改善にまで踏み込んだ提案力、クライアント企業への遠慮のない物言いで、数々の中小企業の売上増に貢献。後藤ブランド株式会社代表取締役。2016年に、「ウェブマーケティングという茶番」（幻冬舎メディアコンサルティング）を出版。その後、書籍の反響もあり、多くの広告代理店、制作会社からの要望から、下請け案件を専門とする子会社、株式会社グランデッツァを2018年に設立。金融業界や医療業界など様々な業界にて、ウェブマーケティングに関する講演依頼があとを絶たない。

増補改訂版　ウェブマーケティングという茶番

二〇二〇年三月三日　第一刷発行

著　者　後藤晴伸
発行人　久保田貴幸
発行元　株式会社　幻冬舎メディアコンサルティング
〒一五一-〇〇五一　東京都渋谷区千駄ヶ谷四-九-七
電話〇三-五四一一-六四四〇（編集）
発売元　株式会社　幻冬舎
〒一五一-〇〇五一　東京都渋谷区千駄ヶ谷四-九-七
電話〇三-五四一一-六二二二（営業）
装　丁　幻冬舎メディアコンサルティング　デザイン室
印刷・製本　シナノ書籍印刷株式会社
検印廃止

Printed in Japan　ISBN978-4-344-92723-0　C0234
幻冬舎メディアコンサルティングHP　http://www.gentosha-mc.com/